21世紀日本怪異ガイド100

朝里樹

イラスト＝裏逆どら

星海社

JN042937

188

SEIKAISHA SHINSHO

はじめに

世界が二一世紀という新たな時代を迎え、早くも二〇年が経ちました。

手塚治虫《てづかおさむ》の『鉄腕アトム』やスタンリー・キューブリックの『2001年宇宙の旅』、円谷《つぶらや》プロの『ウルトラマンティガ』や続編の『ウルトラマンダイナ』、ロバート・ゼメキスの『バック・トゥ・ザ・フューチャー PART2』など、過去の名作SFが舞台に設定した時代を既に通過していると考えると、遥か未来に来たようにも思えます。

しかし一九九〇年代から現在までの時間は、緩やかに繋《つな》がっている感覚を持っている人がほとんどでしょう。実際にこれらは地続きの時代であり、世紀が変わったからといって突然大きな変化が起きる、というものではないのだから仕方がないことです。

そうはいっても、技術はこの二〇年で大きく進歩しました。特にパソコンや携帯電話などの機器はどんどん進化し、社会生活に変化をもたらしたことと思います。

その一方で、遥か昔から伝えられてきた怪異や妖怪といった現象・存在は、現代も続々と現れています。科学技術が進歩したこの二一世紀においてもそれは変わりません。むしろWEBサイトに電子メールにSNSに、とインターネットを経由して出現するなど、科学の進歩に合わせて怪異・妖怪たちも活躍の場を増やしています。

本書は、そんな二一世紀を舞台に語られた怪異・妖怪たちの中から、一〇〇種類を集めて紹介・解説・考察することを目的としています。いわば二一世紀の百物語となりましょうか。

今世紀はまだ五分の一しか経過していませんが、その二〇年間で様々な個性豊かな怪異・妖怪たちが語られました。その中には今までにない新しいものもいれば、かつて語られてきた怪異・妖怪たちの要素の多くを引き継ぎ、現代を舞台に語られたものもいます。

本書では、なるべくそうした存在の伝承が実際にあったり、それらに遭遇・体験した人物がいるものとして考え、過去の伝承や伝説などの記録との関連を考えてみたり、その名前や性質、特徴がどのような意味を持つのか探ってみたりするという形で考察しました。

しかし、現代、特にインターネットで語られた話は、その出生が個人の創作である可能性も高いです。実際に創作であることが判明しているものもあります。

もし創作であることを前提とする場合には、考察部分についてはこの話はこういった伝承や伝説などをヒントにして考えたのではないか、という形で読んでいただければ幸いです。

いずれにせよ、どのような形で本書を楽しんでいただくかは、読者の皆様の自由です。

ただこの本が二一世紀に生まれた怪異・妖怪たちの魅力を一人でも多くの方に伝えられたなら幸いです。

目次

No.021—040

column1

No.041—060

No.061—080

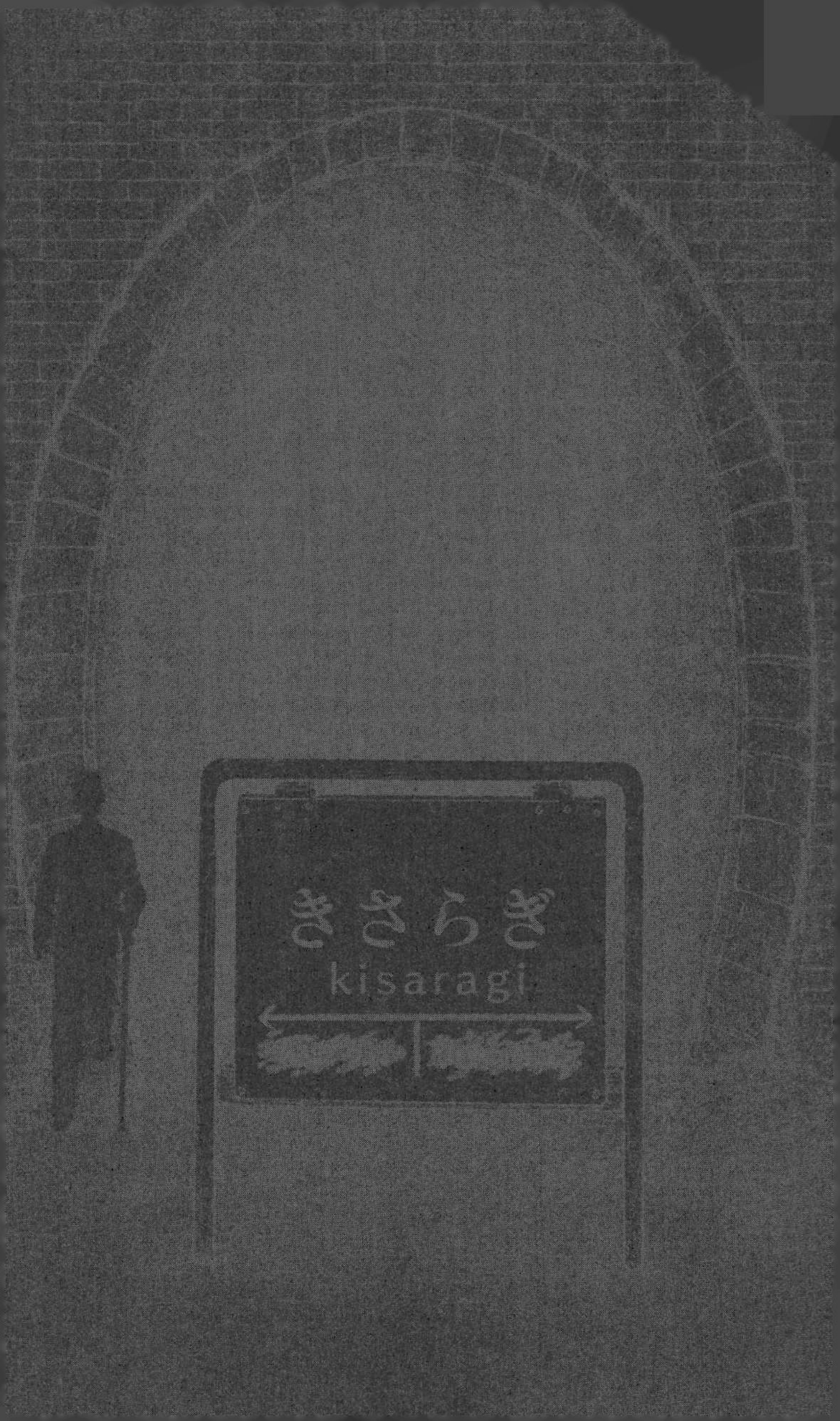
きさらぎ
kisaragi

No. 001 | 020

001

後悔の木箱

その箱を開けてはならない

古びた木箱の正体

二〇〇一年一月二九日、2ちゃんねる（現5ちゃんねる）の「死ぬ程洒落にならない怖い話を集めてみない？ 4」スレッドに、「後悔」と名付けられた話が投稿された。

　ある男性が部下を集めて飲み会を開いたところ、一人の部下が父親から貰ったというリンゴがひとつ入るほどの大きさの、ぼろぼろの木箱を取り出して見せてきた。

　これはルービックキューブみたいに木目を揃えるように動かすと開く、という奇妙な仕掛けのある箱で、戦前からあり、戦後の焼け跡で拾われたものだという。

男性はそれを見てなんともいえぬ悪寒《おかん》を感じ、後日、それを開けない方がいいと忠告したが、その部下は聞かずに開けてしまった。

　箱の中に入っていたのは「天皇ノタメ　名誉の死ヲタタエテ」と記されたぼろぼろの布袋で、さらにその中身は大量の爪と髪の毛の束だったという。

　この直後から、彼らに怪異が降りかかった。

　まず箱を開けた直後に撮られた集合写真が、変色する、数えきれないほどの黄色い手が纏《まと》わりついているなどの現象が起きた。

男性とその部下たちは写真を見て、急いで寺に持って行ったところ、住職にはその写真を供養《くよう》しても霊の怒りは鎮《しず》まらない、木箱を持ってくればそれを供養する、と言われた。

降りかかる箱の呪い

しかし箱を開けた部下は、その日の帰り道に事故に遭《あ》って体を両断されて死亡した。

また、箱を住職に持って行ったところ、この箱は怨念そのものであり、もはや人のものではなくなっている、供養するのに長い時間がかかるという。

そのため男性らは自分たちで読経《どきょう》を覚え、なんとか怨念を鎮めようと試みるが、その甲斐《かい》なく様々な災いが数年の時を置いて彼らに降りかかり、一人ずつ命を落として行った。

最後に残ったのがこの話を投稿した男性であったが、彼もまた頻繁《ひんぱん》に激しい動悸《どうき》に襲われるようになり、夢に死んだ部下たちが出てくるようになったと語る。

そして最後に、自分に憑《つ》いている霊を鎮める手助けをすると思って、手を合わせて「南無妙法蓮華経」と唱えてほしいと頼み、話は終わる。

天皇ノタメ　名誉の死ヲタタエテ

元々この話は　WEBサイト「Alpha-web こわい話」にて、二〇〇〇年一月二九日に「後悔」と題されて投稿されたもの。同じく呪物としての木箱であるコトリバコとの類似性が語られることがあるが、こちらの方が初出は早い。

この木箱は戦前からあると語られているが、「天皇ノタメ名誉の死ヲタタエテ」と書かれていたことや、戦争の焼跡から見つかった、という話から見るに、少なくとも箱の中身は天皇のために死ぬことを名誉とされた第二次世界大戦中に作られたものではないかと予想される。戦死者の髪や爪を入れたのか、それとも生きた人間を生贄《いけにえ》にしたのかは不明だが、怨霊《おんりょう》と化しているところを見るに、納得しての死ではなかったのだろう。

002 ささろさん

子どもにだけ見えるお化けたち

お風呂に現れたささろさん

二〇〇一年四月一九日、2ちゃんねるオカルト板に立てられた「ほんのりと怖い話スレ」にて、子どもにだけ見えるお化けの話が語られた。

ある男性が風呂で髪を洗っていると、人の気配がした。しかしよくあることなので放っておいて風呂から出たところ、寝る時になって娘が「パパ、ささろさんとお風呂入ってたね」と言ったという。

怖いお化け、ミヤザキ

同スレッドではこの話を受け、「ミヤザキ」なるお化けについての話も投稿された。

宮﨑勤《みやざきつとむ》事件、すなわち「東京・埼玉連続幼女誘拐殺人事件」に沸《わ》き返っていた頃というから、一九八九年頃のこと。ある男性の知り合いの娘が幼稚園の帰りにミヤザキがこちらを見ていた、風呂場のお湯の中にミヤザキがいた、といった話をしていたという。これはどうも大人から間接的に入って来た情報を曲解《きょっかい》したらしく、「ミヤザキ」というと「角の生えた鬼のようなもの」と思っていたようだ。ある晩、その男性が知り合いと遅くまで話し込んでいると、知り合いの娘が泣き出したため、様子を見に行くと、「簞笥《たんす》の引き出しが少しだけ開いて、ミヤザキが見ていた」と答え

たという。

子どもが見る空想上の存在

子どもにしか見えないお化けの話はよくあり、ジブリ映画の名作『となりのトトロ』などでもそういった設定が描かれている。また、体験談として子どもの頃は幽霊が見えた、という話がよく聞かれるし、自分の子どもが幽霊やお化けを見ていると話す、という親側の話も頻繁《ひんぱん》に聞く。

心理学では子どもが空想の中で生み出し、本人の中では実在するものとして扱われる存在をイマジナリーフレンド、もしくはイマジナリーコンパニオンと呼ぶ。これは他人には見えないものの、その子どもにとっては対話できたり、ともに遊んだりすることが可能な実在する存在として認識される。イマジナリーフレンドは多くの場合成長とともに自然消滅するという。

このように人間は幼少時に他の人間には見えない存在がいる、と考える事例が多い。

そのため、ささろさんやミヤザキも子どもが生み出した空想の存在とも考えられる。しかし、先に挙げた『となりのトトロ』のように大人には見えないが、複数の子どもに同時に目撃されるお化けの事例もある。

佐々木喜善《ささききぜん》著『奥州のザシキワラシの話』や柳田國男《やなぎだくにお》著『妖怪談義』には岩手県上閉伊郡土淵村《かみへいぐんつちぶちむら》（現遠野市《とおのし》）の尋常高等小学校に座敷《ざしき》わらしが出たが、これは一年生の小さな子どもたちにしか見えず、それ以上の年齢の人間の目には映らなかったという。

003

鮫島事件

封印された事件

タブー視される謎の事件

二〇〇一年五月二四日、大型電子掲示板2ちゃんねるのラウンジ板に「伝説の『鮫島《さめじま》スレ』について語ろう」というスレッドが立てられた。

このスレッドは、こんな言葉から始まった。

「ここはラウンジでは半ば伝説となった「鮫島スレ」について語るスレッドです。知らない方も多いと思いますが、2ちゃんねる歴が長い方は覚えてる人も多いと思います。かくいう俺も「鮫島スレ」を見てから2ちゃんねるにはまったひとりでして、あれを見たときのショックは今でも覚えています。誰かあのスレ保存してる人いますか？」

そしてこのスレッドでは「あのスレの事はタブー」「この話はしちゃ駄目なんだよ。みんな知ってても知らないフリしてる」「もう一度、ここから死者を出すつもりですか」「本当に、もうやめたほうがいい」といった、事件をタブー視する書き込みがいくつもなされたものの、具体的な事件の内容はおろか、「鮫島」が人名なのか地名なのか、といったことについても人によって話すことがばらばらで、結局分からずじまいという状態になった。その後も2ちゃんねる及び5ちゃんねるだけでなく、インターネット上の様々な場所で鮫島事件のことが語られているが、内容は不明の

まま、ただあまりにも恐ろしい事件があった、とだけ語られている。

虚構の事件 という話だが、鮫島事件などという事件は現実には存在していない。前に挙げたスレッドにてあたかも過去に鮫島事件と呼ばれる事件が発生したかのようなことが書かれ、そのノリに追随《ついずい》した人々がやはりあたかもそんな事件があったかのような反応を見せ、それが広まって行った。そのため誕生から二〇年経った現在でも鮫島事件がどのような事件であったかは明確な答えがない。

類似した怪談 このような話はネット時代よりも前に存在している。有名なものは「牛《うし》の首《くび》」と呼ばれる怪談で、これはとにかく恐ろしいという形骸《けいがい》だけが伝わっており、その内容を知る者はいないと語られる。また余りの恐ろしさで聞いた人間が数日で死んでしまうため、内容が伝わっていないとされる場合もある。

他にも大正時代には伝わっていたという話に「田中河内《たなかかわちの》介《すけ》の最期」というものがある。これは幕末の実在の人物である田中河内介という人物の、謎に包まれた最期に何があったのかということを語る内容とされるが、この話をするとよくないことが起きるとされ、実際に話そうとした人物が死んでしまったことから、話の内容が伝わっていない、と語られる。

このように異常に恐ろしい話とされるが、内容は誰も知らないという怪談は古くからある。鮫島事件はネットを舞台に、不特定多数の人々によって生まれ、成長した、そんな怪談のひとつなのだろう。

004

くねくね
分からないほうがいい

くねくねと動く白い男

二〇〇一年七月七日、2ちゃんねるオカルト板に立てられた「死ぬ程洒落にならない怖い話を集めてみない？6」スレッドにこんな話が転載された。

ある少年が兄とともに母方の実家に遊びに行った時のこと。その日、外は晴れていたのにもかかわらず、兄弟は家の外で遊ぶ気がせず、家で遊んでいた。

その時、ふと兄が立ち上がり、窓の向こうを見た。そこで少年も彼の視線を追ってみると、真っ白な服を着た人間が見えた。

何をしているのかと見続けていると、白い服を着た人がくねくねと動き始め、次第に人間の関節ではありえない、不自然な方向に体を曲げ始めた。

少年は兄にあれは何をしているのかと聞いたが、兄も分からないと答えた。しかしその直後、兄はそれが何だか理解した。少年は兄に教えてくれるように頼んだが、兄は「分かった。でも、分からないほうがいい」としか言わなかった。

その後、兄は知的障害を患《わずら》い、結局あの時何を理解したのかは不明だという。

海辺での出現

この話は元々WEBサイト「怪談投稿」にて二〇〇〇年三月五日に投稿された「分からないほうがいい・・」という体験談だった。

これが2ちゃんねるに転載された後、二〇〇三年三月六日に同じくオカルト板の「不可解な体験、謎な話~enigma~part14」スレッドにて類似した体験談が投稿される。それによれば少年時代、嵐で荒れ狂う海辺を全身真っ白の物体が両手を頭上で高速で動かし踊るような動きをしていたが、それをはっきりと見てしまった視力が良い少女が叫び声を上げておかしくなり、その後脳に後遺症を患ってしまったらしい、と語られている。

くねくねの誕生

そして二〇〇三年三月二九日、同じくオカルト板の「死ぬ程洒落にならない怖い話を集めてみない？31」スレッドにて、「分からないほうがいい・・」とそっくりな経験をしたという人物が、それと自分の体験を重ね合わせて交ぜ、詳しく書いたという話が投稿された。この話ではお盆に秋田県の祖母の家を訪れた際、田んぼの向こうに人ぐらいの大きさの白い何かがくねくねと動いているのを見たという。そしてこの時、投稿者とともに白い物体を見ていた兄が、望遠鏡を覗《のぞ》いてそれを見た瞬間、様子がおかしくなり、「わカらナいホうガいイ……」と兄とは違う声で言ったという。

そして兄はその後、狂ったように笑いながら、白い物体と同じようにくねくねと動くようになった。

こうなるともう元に戻らないため、何年かしたら田んぼに放してやるぐらいしかできることはないと語られている。

先述したようにこの話は「分からないほうがいい・・」の話を交ぜたと語られており、実際には怖い体験はしていないとされているため、創作だろうと思われる。しかしこの話をきっかけに「くねくね」という呼称が一般的になり、くねくねの正体を知るとくねくねと同じものになる、という性質が加えられ、くねくねの基本的な部分が完成したと考えられる。

005

ひきこさん

女は雨の日にだけやってくる

二一世紀の怪談

二〇〇一年七月二四日、それはWEBサイト「Alpha-web こわい話」に書き込まれた。

ある雨の日、一人の小学生、Aが学校から帰る途中、大きな橋を渡っていたところ、子どもの死体を引き摺《ず》りながら横歩きで歩く女を見た。女は口と目が横に裂け、背が異常に高いという恐ろしい容貌《ようぼう》をしていたが、Aを見つけると、何かを叫びながら追いかけてきたため、Aは急いで逃げ帰った。

翌日、Aが放課後に友人のB、C、Dと遊んでいると、窓の向こうで雨が降り始めた。Aが窓の向こうを覗《のぞ》くと、校庭から彼の方を見つめるあの女がいた。女はそのまま校舎に入ってきた。少年たちは各々逃げ、隠れるが、女は一晩中校舎を歩き回っているようだった。

翌朝、女の気配がなくなり、Aの友人たちは隠れていた場所から出てきた。しかしAの姿はない。前夜、Cが目撃していたのだ。Aが雨の中あの女に引き摺られて行くのを。

私の顔は醜いか

同サイトではその翌々日の二六日、ひきこさんの過去が投稿された。それによればひきこさんは「森《もり》妃姫子《ひきこ》」という少し背の高い普通の少女だったが、先生にひいきされたことなどを理由にいじめられるようになる。ある日、ひきこさんは手を縛《しば》られ、足を摑《つか》まれて学校中を引き摺られたことで傷だらけになり、それから登校を拒否するようになるが、今度はそれを知った両親に虐待を受けるようになった。それでも彼女は何年もの間部屋に引きこもり続け、恨みを忘れないためかのように傷が癒《い》えそうになると自分の顔を傷つけ、その結果目と口が裂けてしまった。また満足に食事を与えられなかったが、彼女の背は異様に高く伸びた。

そしていつの日からか、雨が降ると妃姫子は外へ出て、付近の小学生を襲うようになり、ひきこさんという怪物になった。彼女は顔を見られることを嫌うため、皆が傘を指す雨の日にだけ現れ、小学生を見つけるとその足を摑んで肉塊《にくかい》と化すまで引き摺り続ける。遭遇《そうぐう》した際には「私の顔は醜《みにく》いか」と尋ねてくるが、似た問いかけをする「口裂け女」と違ってこれに対する返答に正解はない。「ひっぱるぞ！　ひっぱるぞ！」と言うか、鏡を見せて彼女の嫌いな自分の顔を見せることで、撃退することができるのだ。

社会の闇から生まれた怪異　小学生を追いかける話と過去の話が別々に投稿されていることから、「ひきこさん」という名前から「ひきこもり」という過去が後になって与えられた可能性が高い。また「私の顔は醜いか」という問いかけも一九七〇年代末に世間を騒がせた「口裂け女」の問いかけ「私きれい？」と対になる。

当時殺人事件と関連して報道され、社会問題として注目を集め始めていた「ひきこもり」が過去として設定されたことや「引き摺り殺す」というほかに類を見ない残虐な殺害方法、横歩きでの高速移動や、雨の日にだけ現れる、などの彼女だけが持つ特徴《とくちょう》がいくつもあった。それが彼女を唯一無二の存在にしているのだろう。

006

吉原千恵子

死者が綴るチェーンメール

流布したチェーンメール

二〇〇〇年代初頭、吉原千恵子《よしわらちえこ》という四歳の頃に誘拐殺人犯によって殺害された少女の霊から送られてきた体裁のチェーンメールが流布《るふ》した。

そのメールによると、「歩行者専用」を表す道路標識に描かれた手を繋《つな》ぐ親子のような姿は、実は自分を攫《さら》おうとしている誘拐犯を写真に撮ったものをモデルにしているだという。

千恵子はその後、誘拐された子どもであったことが明るみに出て、写真が公表された。これに焦った犯人により千恵子は殺害され、山に埋《う》められたが、その場所に電波塔が建てられた。

これにより電波を通してメールを送ることができるようになり、メールを経由して自分を殺した人物、もしくはその犯人が死んでいればその子や孫に復讐《ふくしゅう》しようと目論《もくろ》んでいる。

そのため、メールを受信した人間に五人以上に拡散するよう指示するが、もしそれに従わない場合は、千恵子の霊が受信した者の下に現れるという。

元になった都市伝説

犯人を特定するためという体裁のチェー

ンメールの代表例である「橘《たちばな》あゆみ」のメールが流布したのが二〇〇一年頃であるため、それ以降に生まれたものと考えられる。

チェーンメールに登場する幽霊は多いが、この吉原千恵子が特徴的《とくちょうてき》なのは「歩行者専用の道路標識は実は父親と娘ではなく誘拐犯とその男に連れ去られる被害者を描いている」という都市伝説が元になっていることだ。

都市伝説の内容は以下のようなものだ。

あるカメラマンが仲睦まじい親子の写真を撮り、当時政府によって一般公募されていた標識デザインに送ったところ、採用される。

しかし、それからしばらく経ってその写真を撮ったカメラマンが新聞を読んでいると、あの写真に撮った親子の顔写真が紙面に載せられているのを見て、彼らが誘拐犯とその被害者だったことを知る、というものだ。これはテレビのニュースや雑誌で知る場合もある。

都市伝説の後日談として

そしてこの吉原千恵子のチェーンメールはその後日談という体裁で綴《つづ》られており、誘拐後に少女が殺害されたため、怨霊《おんりょう》と化して犯人を捜しているという設定で作られている。

ちなみに先述した道路標識のデザインは一般公募されたものではなく、国際連合道路標識という国際的な統一規格を元にデザインされたものであり、日本以外の国でも類似したデザインが使用されている。

一方、ドイツでは「歩行者専用道路標識は誘拐犯を連想させる」という理由からデザインが変更されており、この話が元になって前述した都市伝説が生まれたのではないかという説がある。

007

ツナカユリコ

その名を使えば不幸が起きる

その名前を使ってはいけない　二〇〇二年頃からネット上で流《る》布《ふ》されているのが確認できる怪異に、「ツナカユリコ」というものがある。

　これは、主人公の名前を自分で決められるテレビゲームでその名前を「ツナカユリコ」にすると、何かしらの不幸や不吉なことが起きるとされる話だ。

　ネット上で語られる話を見てみると、RPGの名前入力で「ツナカユリコ」の名前を使用すると原因不明の高熱が出る、「ユリコ」だけでも不吉なことが起こる、「ツナカユリコ」という名前をRPGの名前に利用した人物がアキレス腱《けん》を切断して、さらに熱を出して入院した、といったものがある。また現実の女性の話し声が聞こえてくる、謎の視線を感じる、というものもあるようだ。

遡る情報　二〇〇三年二月二〇日に発行されたトーキョウ・ルーマーズ撰『平成の都市伝説』という書籍には「RPGゲームの名前入力で『ツナカユリコ』を使うと原因不明の高熱で病院送りになる。『ユリコ』だけでも不吉なことが起こる」と記されており、ゲームのジャンルはRPGに限定されている。

この『平成の都市伝説』はその名の通り人々の間に伝わる都市伝説を集めた書籍であるため、怪談の発生自体はさらに遡《さかのぼ》る。電子掲示板2ちゃんねるのオカルト板に立てられたスレッド『ゲーム に ま つ わ る 怖 い話』では、二〇〇二年五月二一日にRPGなどの名前を入力するゲームにおいて、ある少年が「ツナカ ユリコ」と名前を入れたところ、原因不明の高熱で病院送りになった、また「ユリコ」と入れただけでもよからぬことが起きる、という話が雑誌に掲載されていた、と記されている。

この雑誌の情報を追ってみると『コミックボンボン』（講談社が発行していた月刊児童漫画雑誌）の怖い話特集に掲載されていたことが判明した。

平成初期からいたツナカユリコ

これは一九九三年九月号の「夏のスペシャル袋とじ特集 血もこおる悪夢への扉」という特集に載せられたもので、それによれば「ツナカユリコ」という名前をつけるのではなく、ゲーム内のキャラクターの名前が勝手に「ツナカユリコ」もしくは「ユリコ」に変わり、そのゲームのプレーヤーに不幸が起きる、という話だったと記されている。これはゲームを買ってから三年経つと自然に発生することもあるという。

この他にも「ユリコ」が現れた数週間後、原因不明の高熱に襲われ入院したという、現在ネット上で流布する話もこの時点で語られていたことが分かる。

このように、「ツナカユリコ」は本来、九〇年代に子ども向けに掲載された怪談が、〇〇年代に入ってネット上で改めて広まった怪談なのではないかと考えられる。

008

おじゃま道草

千年を超える怨念

一軒家に潜む怪異

二〇〇二年五月二六日、2ちゃんねるの「ほんのりと恐い話スレ、その5～～」スレッドに、「おじゃま道草」と題された怪談が転載された。

舞台はある一軒家で、この家に越してきた男性が度々奇妙な現象に襲われた。それによれば、一階で寝るとうなされる、誰もいない一階から話し声が聞こえる、一階から二階に上がる足音が聞こえるが、誰もいない、猫が家に入って来ると、玄関で何かに怯えたような様子を見せてわざわざ二階の窓から逃げ出す、といったものだった。

そこで霊感のある者がこの家に行ってみると、台所の四方にある柱の上部に何か紙を剥《は》がした跡があり、何かを封印していたことが分かった。そこでさらに調べると、この家には千数百年前から存在し続けている怨霊《おんりょう》がいることが分かった。この怨霊はある一族に取り憑《つ》き、この土地にやってきたという。

二重の怨念

この怨霊は一族を惨殺《ざんさつ》したが、その結果土地に縛《しば》られることになった。それが原因かは不明だが、ある時この家に住んでいた住人が、屋敷を増改築する際にその場所に祀《まつ》られていた道祖神《どうそじん》が邪魔になり、井戸に投げ込むと

いう行動に出た。

その結果、怨霊《おんりょう》に加えて神罰が下ることとなり、この土地は二重の強い力に縛られることになる。そのため土地に建てられた家に越してきた人間は無残な死を遂げるなど悲惨な境遇に遭《あ》い、さらにそれらの死者の霊がさまようことになった。

また、この怨霊は意識を向けただけで斬りかかって来る恐ろしい性質を持ち、周囲の霊を手下として使役《しえき》する能力を有するという。またこの怨霊と関わった人間は不可思議な夢を見るなどの怪現象に襲われ、話を読んだだけでも周囲の浮遊霊を活発にさせてしまう。その際には「ギャーテイ、ギャーテイ、ハーラーギャーテイ、ハラソーギャーテイ、ボージーソワカー」という言葉を三回唱えるか、心の中で念じると良いという。


2ちゃんねるより前の出典　この怪談は元々「f-annex」というサイトの中の「怪談と霊の話」というページに掲載されていたことが確認できるが、「おじゃま道草」のページは現在リンクが切れており、読むことができなくなっている。しかし2ちゃんねるにはこのサイトにあるものが転載されていることから、少なくとも二〇〇二年五月二六日より前、場合によっては九〇年代から怪談自体が存在している可能性がある。

「おじゃま道草」というタイトルもこの「f-annex」の時点で使われているが、由来は全く不明である。怪談中にもこの言葉を連想させるような要素は出てこない。「ほんのりと恐い話スレ、その5～～」スレッド内では話の内容が分からないようにわざと無関係の名前をつけているのではないか、という考察がされているぐらいである。

もしかしたら怪談中に出てくる道祖神と何かしらの関係があるのかもしれないが、それも推測に過ぎない。今なお謎の多い怪異である。

009 怪人アンサー
その怪人に答えられぬ質問なし

どんな答えも知っている

二〇〇二年八月八日から二〇〇二年八月一五日頃にかけて、怪人アンサーなる存在を呼び出す方法が同時多発的に様々なWEBサイトに書き込まれた。

まず一〇人が集まり、携帯電話を一〇個用意して、一個目から二個目に、二個目から三個目に、そして最後に一〇個目から一個目に、輪になるように携帯を同時にかける。すると通常なら全てが通話中になるはずの携帯電話が、誰のものでもないどこかに繋《つな》がり、アンサーと名乗る人物が電話の向こうに現れる。

アンサーは一〇人中九人の質問にはそれが何であろうと答えるが、一人にだけ逆に質問をする。そして質問に答えられない場合には液晶から腕が出てきてその人間の体の一部をもぎ取っていく。

アンサーと名乗る怪人は元々頭だけで生まれてきた形態異常な状態で、そうやって体のパーツを集めて完全な人間になろうとしているのだ。

怪人アンサー創世記

このアンサーの話は二〇〇二年一〇月三日に東京新聞WEB版に、二〇〇三年八月五日にテレビ朝日系列の番組「世界痛快伝説!!運命のダダダダーン!・Z」

における「あなたも呪われる！　身の毛もよだつ本当に怖い話」にと次々と取り上げられ、全国的に有名になった。

しかし出現から約一年経った二〇〇三年九月、この怪談はある同一人物によって生み出され、広められたものであることが発覚する。ＷＥＢサイト「ディープ・ダンジョン」によれば、これは同じくＷＥＢサイト「現代奇談」を運営していた松山ひろし氏が発見した。

その作者を名乗る「くねりずあいり」氏が自身のＷＥＢサイト「予感～Ｐｒｅｓａｇｅ～」にてその真相を語り、思いつきと言って良い想像によって生まれた怪人が噂《うわさ》が広まるにつれ変質していくことで本質が与えられたと記した。

変質するアンサー

誰でも書き込め、コピー＆ペーストによって同じ内容の話が簡単に広まるというインターネットの特性上、創作され、広まった怪異は相当数いると思われるが、二一世紀初頭に作者が特定された、という点で珍しい怪異といえる。

くねりずあいり氏は噂が広まるにつれて変質していくことで本質が与えられた、と記しているが、その変質はインターネットを離れても続いている。

例えば不思議な世界を考える会編『怪異百物語９』には一〇人が同じ電話番号を押すと一人にだけ電話がかかってきて、その電話を取ると体の一部を奪われて死ぬ、というアンサーの話が変化した話が載っているのだ。

携帯電話は現在スマートフォンにその役割を奪われているが、アンサーを呼び出す儀式はスマートフォンでも可能だ。恐らく、これからも何らかの形で、アンサーの怪談は語り継がれていくのだろう。

010

カンカン

家族を壊す呪い

幾度も現れる謎の女

二〇〇二年八月二一日、2ちゃんねるのオカルト板に立てられた「死ぬ程洒落にならない怖い話を集めてみない？17」スレッドにて、ある女性が遭遇《そうぐう》した怪異についての話が語られた。

報告者の女性が小学生の頃、夜にアパートの居間からカン、カンという音が聞こえてきたことがあった。女性が姉とともにそれを見に行くと、テーブルの上で正座したままピクリとも動かない、白い着物を着た、黒髪を腰まで伸ばした女が背を向けて座っていた。

女性は悲鳴を上げて母親を呼びに行ったが、その時には既に女の姿は消えていた。

数年が過ぎ、女性が中学三年生になった頃のこと。再びカン、カンという声を聞いた女性は恐る恐る居間を覗《のぞ》いた。するとやはりあの白い着物の女がおり、思わず女性は声を出してしまった。

振り返った女の両目には、ちょうど眼孔《がんこう》に収まる大きさの鉄釘《てつくぎ》が刺さっており、両手には鈍器のようなものが握られていた。

そして女は口だけで笑い、言った。

「あなたも……あなたたち家族もお終いね。ふふふ」

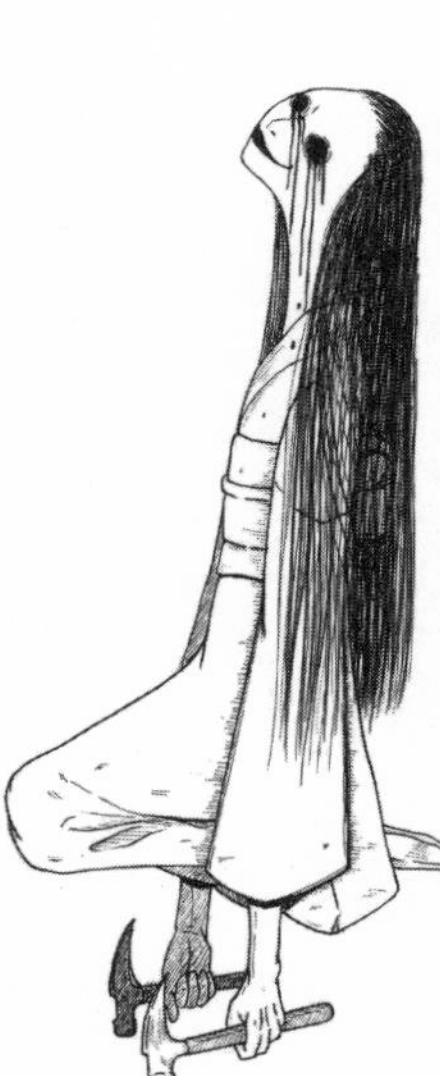

異変は翌日から起きた。学校から帰ってきた女性が誰もいないはずの家の中で、居間の方から響くカン、カンという音を聞いたのだ。

女性は急いで家を出て、少し時間が経ってから公衆電話で家に電話をかけた。

電話の向こうで母親の声がし、ほっとしたが、電話がある居間にいるのは母親ではなく、あの女なのではないかと気が付いた。

そして「あなたは、誰なの?」と尋ねると、間を置いて「あなたのお母さんよ。ふふふ」と聞こえた。

八年後の後日談

この話の後日談は、八年後の二〇一〇年一月四日、「死ぬ程洒落にならない怖い話を集めてみない?234」スレッドにて語られた。

女性はあれから大学進学を機に家を出たが、まだアパートには妹と母親が住んでいるという。女性は家に帰ることを拒んでいたが、滅多に帰ってこない姉と単身赴任中の父が帰ってくると聞き、渋々帰ることになった。

しかし帰省して分かったのは、一人暮らしをしている姉の家であのカン、カンという音が聞こえたこと、そして母親が夜な夜な家から少し離れた電柱の周りを駆《か》け足で、般《はん》若《にゃ》のような形相《ぎょうそう》で回り続けるという奇行を繰り返しているということだった。

その母親の寄行を目撃した夜、実家に戻った彼女は、またあのカン、カンという音を聞くことになる。そしてテーブルに座るあの白い着物の女の後ろ姿を見た直後、何者かに肩を摑《つか》まれ、気を失った。

女性は翌日目を覚ましたが、その後も母親の異常行動は続いているという。

釘を打つ呪い

釘を使った呪いは、丑《うし》の刻参《こくまい》りなどに見られるように神社の神木などに人形を釘で打つ、というものが知られているが、この怪異の場合、自身の目に打ち込むという人間ではありえない方法で行われている。もしかしたら人形どころか人型の自分自身を媒介にして呪いをかけているのかもしれないが、そうだとしたら非常に恐ろしい。

011 さとるくん

何でも知っているあの世の使者

さとるくん、さとるくん、おいでください 二〇〇〇年代前半、インターネットを通じてさとるくんなる怪異についての話が語られ始めた。

さとるくんは電話で呼び出すことができる存在で、どんな質問にも正確な答えを返してくれるとされる。

呼び出す方法は、公衆電話に十円玉を入れ、自分の携帯電話の番号に電話をかける。繋《つな》がったら公衆電話の受話器から携帯電話に対して「さとるくん、さとるくん、おいでください」といった文言を唱える。それから二四時間以内にさとるくんから携帯電話に電話がかかってくる。この電話に出ると、さとるくんが「今、〇〇駅にいるよ」「今、君の家の前にいるよ」など、今いる位置を知らせながら近づいてくる。

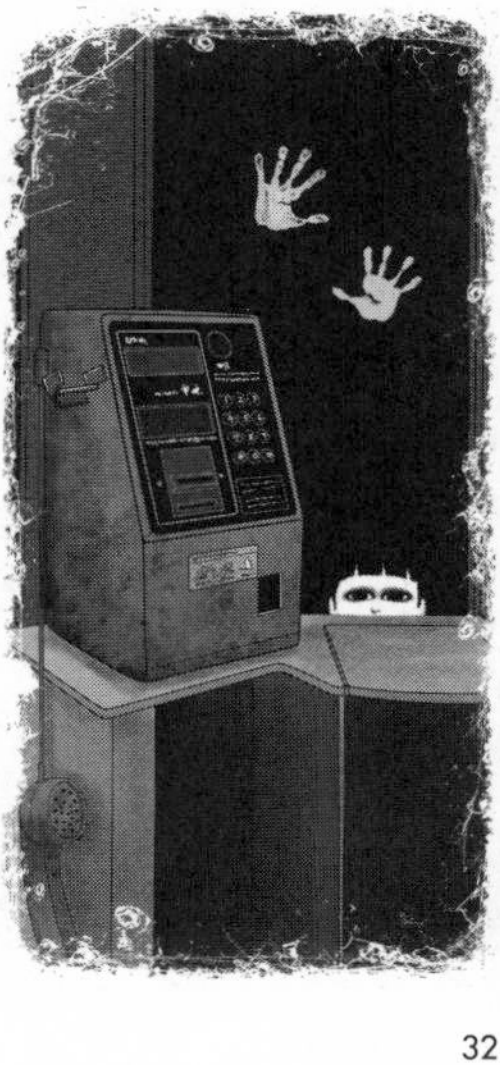

そして最後に「今、君の後ろにいるよ」という電話が来る。この時、どんなに難解な質問をしてもさとるくんは答えてくれる。しかし、自分で答えを分かっている質問をするとさとるくんの怒りを買うという。

また、さとるくんが後ろにいる時に振り返ってはいけないと言われている。もし振り返ってしまうと、さとるくんにあの世や魔界など、この世ではない場所に連れて行かれてしまうのだ。

こっくりさんとの類似

さとるくんの話は昭和時代からあり、携帯電話ではなく家の固定電話を使った、という話もあるが、出典となる資料は見つけられなかった。現在のところ、少なくとも二〇〇二年にはネット上でさとるくんの話が確認できる。

話自体は「十円玉を使って呼び出す」「どんな質問にも答えてくれる」「さとるくん、さとるくん、おいでください」という呪文で呼び出す、という部分はこっくりさんと共通する。こっくりさんの場合、五十音と鳥居《とりい》、「はい」と「いいえ」などを書いた紙を用意し、そこに十円玉を置く。そして「こっくりさん、こっくりさん、おいでください」と呪文を唱えることで近くの霊や神といったものを呼び出し、質問をする。すると、十円玉がひとりでに動き出し、五十音や「はい」「いいえ」の上に止まって質問に答えてくれるとされる。

メリーさんの電話とリカちゃん電話

また、自分の居場所を電話で知らせながら近づいてくる怪談は「メリーさんの電話」や「リカちゃん電話」といったものがある。これは捨てられた人形から電話がかかってきて、次第に自分の下に近づいてくるという話で、「わたしメリーさん、今あなたのお家の前にいるの」「わたしリカちゃん、今あなたの後ろよ」といった具合に電話がかかってくる。メリーさんの場合は人形ではなくひき逃げで殺された少女の霊という場合もある。

このように、さとるくんは過去にあった質問に答えてくれる怪異と、電話を使って近づいてくる怪異が融合したような存在になっている。

しかしそのままではなく、携帯電話と公衆電話という要素が付け加えられており、オリジナリティが生まれている。しかし現在は公衆電話のほとんどが撤去《てっきょ》されているため、呼び出すことが物理的に難しい怪異となってしまった。

012

鏡の中のナナちゃん

鏡の中の友達

鏡の中に現れた少女　二〇〇三年一月二九日、2ちゃんねるオカルト板の「死ぬ程洒落にならない怖い話を集めてみない？24」スレッドにて、鏡の中に現れた少女の話が投稿された。

　ある田舎の古い家に住んでいた少年時代の報告者が、古い道具や小物が納められた納戸《なんど》の中で、枠も柄《え》もなくなってしまった剝《む》き出しの丸い鏡を見つけた。

　ある時、その鏡の中に色白で長い髪を両側で結んだ少女が現れた。少女は鏡に映る報告者の肩越しに彼を見て、「こんにちは」と挨拶したという。

　それから報告者はこの少女と会話するようになった。報告者は彼女をナナちゃんと呼んだ。ナナちゃんは大人には見えず、報告者だけに見えたという。

　ある時、報告者は彼女に「一緒に遊ぶ友達がいなくて寂しい」というような相談をした。

　するとナナちゃんは、「こっちへ来て私と遊べばいい」と言い、少年が「どうやってそっちに行ったらいいの？」と聞くと、困った顔をして「わからない。聞いてみる」と答えた。

　それから数日が経った頃、ナナちゃんは嬉しそうに「こっちへ来れる方法がわかった」と告げた。そこで報告者が母に聞いてみると言ったところ、ナナちゃんは「このことは誰にも話してはいけない。話したら大変なことになる。もう会えなくなるかもしれない」と告げた。そして翌日、一緒にそちら側へと行くことを約束したが、報告者は次第に怖くなり、その日以降納戸に近付かなくなった。

鏡の中へ行く方法

それから時が経ち、報告者は結婚し、妊娠した妻とともに実家に戻って来た。そして洗面所にいた時、その鏡に映った納戸からナナちゃんが現れた。その際、現実世界では納戸の戸は閉じているのに、鏡の世界では開いていたという。

それから報告者の記憶は一度途切れるが、今度は彼の車のバックミラーにナナちゃんが現れた。

彼女は「ずっと待っていたのに」と言い、改めて「こっちで遊ぼう」と彼を誘うが、報告者は家族がいるため、そちらには行けないと告げる。

しかしナナちゃんは大人になったから遊べないのだと言い「だったら私はその子と遊ぶ」という言葉を残して消えてしまう。その二日後、妊娠していた彼の妻が流産したという事実が報告され、この話は終わる。

鏡に死者を映す

話の内容からして、ナナちゃんは鏡の世界にいる死者なのではないかと考えられる。

鏡の中の死者に関しては、午前二時に鏡を見ると幽霊が見える、といった話が近年よく語られている。他にも七月七日に鏡を見るとそのトイレで死んだ後、死後も年を取っている「七夕おばさん」と呼ばれる幽霊が現れるという話や、「かおるさん」という幽霊が学校の鏡に浮かび上がる、という話がある。

ナナちゃんもそういった鏡の中に現れるようになった幽霊の一人で、命を奪うことでその人間を自分と同じ鏡の世界に引き摺《ず》り込むことができたのではないだろうか。

013 山の測量

人から人へと憑依する

山の測量中に現れた怪異

二〇〇三年二月四日、2ちゃんねるのオカルト板に立てられた「死ぬ程洒落にならない怖い話を集めてみない？25」スレッドにて、ある山で遭遇《そうぐう》した怪異について語られた。

報告者が仕事で山に測量に入った時のこと。通常、測量の際には最低三人で行くことになっているが、ある事情から後輩と二人で測量することになった。山は前日に降った雪で覆われていたため、また雪が降らないうちに終わらせてしまおうと急いで仕事を進めていた際、報告者は遠くで作業している後輩の後ろに、白っぽい服を着て、黒い髪を伸ばした女の姿を見る。

その時、後輩が報告者に向かって声をかけ、それが合図だったかのように女は斜面を下って行った。

後輩は女の存在に気づいていなかったようで、報告者の話に青い顔をしていた。

しかし、それからしばらくして再び女は後輩の後ろに現れた。

吹雪の中で

天候は吹雪《ふぶき》と化しており、視界は悪かったが、何とか望遠鏡越しに女が後輩の後ろ髪を摑《つか》み、耳元で何か

を囁《ささや》いているのが見えた。後輩は逃げようともせずじっとしている。

その内、女が後輩から離れて斜面を下り始めたが、後輩もそれに続こうとしたため、報告者は慌てて彼に近付き、呼びかけた。

しかし振り返った彼は先ほどまでとは変わっていた。虚《うつ》ろな目はあらぬ方向を向き、全く意味の分からない言葉を叫ぶ口は下顎《したあご》が胸に付くほどに開かれ、頬《ほお》は裂けて舌はだらりと下がっていた。

それを見た報告者は我慢できずに後輩を置いて急いで山を下り、警察に連絡した。捜査の結果、白い夏服に黒髪、そして目にひどい損傷のある女性の遺体が見つかったが、それは後輩に囁いていたあの女と同じだった。この女は遠く離れた町で行方不明になっていた人物だったという。

そして後輩はそれ以降見つかることはなかったとされる。


自己責任 この話は「死ぬ程洒落にならない怖い話を集めてみない？13」スレッドで二〇〇二年五月二日に書き込まれた「自己責任」と題される別の話と繋《つな》がっていると考えられることが多い。

「自己責任」はある中学生が近所の空き家に侵入したところ、何者かに憑依《ひょうい》され、全く別物に変わってしまったという話で、一緒にその家に侵入した中学生たちが次々とその何かに殺されることが語られる。この何かは目が見えないが、自分のことを知っている者を執拗《しつよう》に追いかけ、憑《つ》き、殺してしまう。またこれと遭遇した際には後ろ髪を引っ張ろうとするため、後ろ髪を伸ばしてはならないと語られている。

そしてこれに憑かれた場合、何らかの形で自ら目を傷つけるという。

山の測量を書き込んだ人物もこの話を見て、もしかしたらと後ろ髪を剃《そ》ったと語っている。

山に現れた女は「自己責任」で語られた何かに憑かれ、山を徘徊《はいかい》していた。そしてその何かは後輩に憑依先を変え、女は死体として捨てられたのかもしれない。

014

ヒサルキ

ネットで広がる見えない化け物

保育園に現れたヒサルキ

2ちゃんねるオカルト板に立てられた「死ぬ程洒落にならない怖い話を集めてみない？27」スレッドにて、二〇〇三年二月一三日に、保育園で起きたある怪異についての話が書き込まれた。

その保育園は寺院が経営しており、墓地が近くにあったが、その墓地を取り囲むように設置された柵の先端に小動物が串刺しにされるという事件が連続して起きた。

その被害に遭《あ》う動物は初めはトカゲや虫などの小さな生き物であったが、次第にモグラ、ネコ、ウサギなどの哺乳《ほにゅう》類《るい》も串刺しにされるようになる。

そこで園児に何か目撃したか聞いてみると「ヒサルキだよ」と言う。他の園児たちもヒサルキを知っている様子だったが、誰もそれが何なのか説明できないでいた。

また、かつてこの保育園にいた園児の一人がヒサルキを絵に描いたことがあったが、その子を含めた一家は急に引っ越すことになった上、絵を描いた子どもは両目に包帯を巻いていたという。

そしてそれからニワトリが串刺しにされていたところで事態は沈静化し、その後は再び虫ぐらいしか串刺しにされることはなくなったという。

広がるヒサルキと類似怪異

この話を発端として、類似した怪異が次々と報告された。「ヒサユキ」「きんきらさん」「イサルキ」「キヒサル」「きんきんさん」「ヒサル」といった名前で語られたこの怪異たちは、それぞれが違う話でありながら、一部共通する要素を持っていた。

具体的には「ヒサルキ」の類《たぐい》は通常、子どもにしか見えない。しかし動物、主に猿に取り憑《つ》く能力を有し、その場合は大人にも見える。ヒサルキの類が現れた場所では動物の死体が発生する。ヒサルキの類に取り憑かれたものは生きた獣を捕らえ、食らうようになる。時にヒサルキの類が人に憑くことがあり、その場合は動物と同じように全裸になり、やはり獣を捕らえて食らう。子どもがヒサルキの類を見た場合、その姿を大人に説明してはならない。言葉や絵を使って説明しようとすると、何らかの作用が働いて自分の目を指で潰そうとする、といったものがある。

語られた怪異は同じ存在か

これらの要素はそれぞれの話に全て出てくるわけではなく、少しずつ出てくるが、各話を比較するとその一部が共通しており、名前の類似を含めて出てくる怪異が実は同じものを指しているのではないか、と推測できる。

ただし初期に語られたヒサルキやヒサユキの話を読んだ人々がこれらに類似した怪異と遭遇《そうぐう》した、という話を創作した可能性もあるので、その辺りは注意が必要であろう。

015

まっかっかさん

死を呼ぶ赤い子ども

雨の日に現れる赤い子ども

二〇〇三年五月一六日、都市伝説を収集していたサイト「現代奇談」にこんな話が載せられた。

まっかっかさんは雨が降る日に現れる。その格好は赤い傘を差し赤い長靴、赤いレインコートの子どもで、まっかっかさんを見た人間は死んでしまうという。回避するためには何か赤いものを身に着けていなければならないとされる。

当初の話はこれだけだったが、「現代奇談」の管理人である松山ひろし氏が著した『壁女』には、以下の話が加えられた。

ある小学生の女の子が赤い傘を差して歩いていると、全身真っ赤な姿をした少年が現れ、少女の持つ赤い傘を見つめていた。後日、少女は同級生に彼女が目撃した少年は、身に着けるものが何もかも真っ赤という姿で、雨の日に町を徘徊《はいかい》するまっかっかさんと呼ばれる存在であることを知らされる。

本来、まっかっかさんを見た人間は死んでしまうが、少女は赤い傘を持っていたために命が助かったのだという。

魔除けの赤

この怪異についてさらに出典を遡《さかのぼ》ることができ、「現代奇談」の掲示板に二〇〇三年五月一〇日に書き込まれたものが確認できる。

ここではまっかっかさんは投稿者が一九八九年頃に聞いた噂《うわさ》話《ばなし》であると記されている。

この怪異の特徴《とくちょう》である「赤」について考えてみると、古来から赤い色は厄《やく》除けや魔除けの色として伝わっている。神社の鳥居《とりい》の色が赤であったり、還暦《かんれき》祝いに赤いふんどしや腰巻が使われるのもこの意味があるからだと言われている。また福島県会津《あいづ》地方の郷土玩具《がんぐ》である赤べこが全身真っ赤なのも魔除け・厄除けの意味を持っているという。

このため、まっかっかさんの場合、赤いものを持っていたことで見たら死ぬ、という厄を除けたとも考えられるが、そもそもまっかっかさん自体が全身真っ赤なことを考えると、どうも説得力が薄い。なにせ相手は魔除け・厄除けの塊《かたまり》のような見た目をした存在なのだ。

赤は血の色

逆に赤い姿について考えてみよう。現代では赤い姿をした怪異が多い。口裂け女は赤いコートを着ているとされるし、赤マントはそのまま赤いマントを羽織《はお》っている。赤いちゃんちゃんこや赤い半纏《はんてん》、赤マント・青マントなどは「赤い〜いりませんか?」という問いかけを行い、欲しいと言った人間の背中を切り裂いて赤いちゃんちゃんこや半纏、マントを着ているように見せるなどという。

このように赤に纏《まつ》わる怪異は多く、これは赤が血を連想させるため、といった説があるが、他にも赤信号やサイレンなどに見られるように赤は危険を示す色として使われている。これが恐ろしい怪異たちを連想させることも考えられる。このため、まっかっかさんが赤いのは現代の怪異らしいとも言える。

しかし、なぜまっかっかさんが赤色のものを持つ人間を見逃すのか分からない。全身真っ赤な格好をするほどだから、単純に赤が好きで、同じく赤いものを持っている人間には危害を加えないのかもしれない。

016 ヨウコウ
人を襲う山の神

赤い猿のような怪物

二〇〇三年七月一日、2ちゃんねるに立てられた「死ぬほど洒落にならない話を集めてみない？Part43」スレッドにて語られた山の神。

ある少年が福井県の某村の祖父母の家に遊びに行き、祖父の猟《りょう》について行った際のこと。

動物がいるような物音がして、祖父はしばらくそれを観察していたが、突然「やめれ！」と叫び、その何かに向かって銃《じゅう》を放ち、少年を抱えて走り出した。

少年は何が起きているのか分からず、泣きそうになりながらも一体何から逃げているのかと後ろを振り返ったところ、そこには毛のない赤い猿のような動物がおり、少年らの方に向かって走ってきていた。

ヨウコウからの逃走劇

祖父は走りながら猟銃の弾を込め、何度か赤い猿に向かって放ったが、効いている様子はなく、「ケタタタタタタ！」という、その動物の鳴き声が聞こえていたという。

また逃げている間、祖父は小声で「助けてくれ……この子だけでも……」と呟《つぶや》いていたという。

そのまま祖父は家に飛び込み、祖母に「ヨウコウじゃ！」

と叫んだ。すると祖母は真っ青な顔で台所に飛んで行き、塩と酒を持ってきて少年と祖父に塩をかけ、酒を浴びせかけた。

それから間もなく祖父が亡くなり、祖母が「ヨウコウ」について少年に説明した。

それによればヨウコウは山の神だが人間にとって良い神ではなく、祖父は少年の代わりに死んでしまったのだという。

猿猴と猿神

日本全国、特に中国・四国地方では、猿に似た妖怪として「猿猴《えんこう》」が伝わっている。これは河童《かっぱ》の一種で、川に棲《す》み、人や馬を襲うなどとされる。また「エンコ」「エンコザル」など「猿猴」が元になっている名前が使われることもある。

「猿猴」は元々、猿の類《たぐい》を総称する言葉で、古くは手長猿を指したが、日本ではそれが河童や猿のような妖怪として伝わった。

この話に登場する「ヨウコウ」も「猿猴」と同じく、猿に似た存在として語られている。「猿」も「猴《ましら》」も動物の猿のことを表す漢字であるため、「ヨウコウ」の「コウ」も「猴」の字が当てられるのではないかと考えられる。「ヨウ」は「妖」で「妖猴」とでも書くのだろうか。

また、猿神の類は平安時代の『今昔物語集《こんじゃくものがたりしゅう》』の時点で生《いけ》贄《にえ》を求める山の神とされる説話が記されており、人を害す存在として認識されていた。こういった話は全国各地に残り、最後は猿神が退治されて終わることが多い。

ヨウコウが山の神でありながら人間にとって良い神ではない、と表現されたのは、そういった考え方に由来しているのかもしれない。

017

オラガンさん

捨てられた神社の荒神

少年たちの夏の思い出

2ちゃんねるオカルト板に立てられた「ほんのりと怖い話スレ　その14」にて二〇〇三年七月二日に語られた、投稿者が少年時代に体験したという話。

その少年が母方の祖父母のいる福岡県に赴《おもむ》いた時のこと。お盆の時期であったため、少年は二歳上の従兄弟《いとこ》とともに虫取りや釣りなどを毎日楽しんでいた。

そんなある日、少年は従兄弟に誘われて山の中腹にある寂《さび》れた神社を訪れた。

木が鬱蒼《うっそう》と生い茂る神社の裏手には古い井戸と何軒かの廃墟《はいきょ》になった民家があり、民家へ続く道には注連縄《しめなわ》が張ってあったが、従兄弟が迷わず注連縄を跨《また》いで進んでいったため、少年もそれに倣《なら》った。

従兄弟は一軒の民家の通風孔《つうふうこう》を潜《くぐ》り、その軒下《のきした》に入り込んだ。そして少年をそこへ引っ張り込み、持っていた懐中電灯を点《つ》けてその明かりを頼りに奥へ這《は》っていった。するとそこには成人向けの漫画が山積みになっており、少年は従兄弟とともに時間を忘れてそれを読みふけった。

気が付くと軒下から見える景色は暗くなっていたため、出ようとすると民家の周りを歩いている誰かの気配がした。

子どもを襲う血濡れの武者

従兄弟が懐中電灯を消すと、通風孔から片足を引きずって歩く人間の裸足《はだし》が見えた。

そしてその脇に刀の先が覗《のぞ》いている。

従兄弟は少年に逃げようと呟《つぶや》き、二人はその足が通風孔を通過してしばらくしてから逃げ出した。何とか軒下から這い出すと、たった今出てきたばかりの通風孔から白目の男が顔を覗かせ、二人を睨《にら》んでいた。別の通風孔から軒下に入ってきていたのだ。

男は落ち武者のような姿をしており、白目からは幾筋も血を流していた。この落ち武者が通風孔から出てこようとしたため、従兄弟に手を引っ張られ少年は必死で逃げた。這《ほ》う這《ほ》うの体《てい》で山を下り、祖父の家まで逃げ帰ると、祖父は事情を聞いて「婆ちゃん、酒と塩をもってこい。こいつがオラガンさんに見つかったぞ」と告げた。

そして少年の服を脱がせると、バリカンで髪を剃《そ》り、日本酒を口に含んで顔に吹きかけ、手ぬぐいで拭《ぬぐ》った。それから水を全身に被らせて体を拭《ふ》くと、塩を全身にふられた。

そして服と髪の毛を焼却炉で燃やすと、その後はもう寝るように言われただけだった。

それから夏休みが終わるぐらいまで耳鳴りがあったが、体調には異常はなく、耳鳴りもやがてやんだ。結局オラガンさんが何者だったのかは分からないという。

荒神の成れの果て

オラガンさんは「荒神さん」が訛《なま》ったものという説もある。荒神は猛々《たけだけ》しい神、荒々しい神といった意味で使われるほか、中国・四国地方を中心とした西日本で民間信仰の神として伝わり、山の神や家の神などとされる。また気性の荒い神とされ、神木を伐《き》ったり、御神体を粗末に扱ったりしたために祟《たた》られる話も多い。読み方は「こうじん」「あらがみ」の両方が確認でき、「オラガンさん」が「荒神さん」だとすれば、後者が訛ったものと思われる。

九州地方にも荒神を祀《まつ》る家や地域が確認できるため、少年たちが遭遇《そうぐう》したオラガンさんはそのひとつだったのかもしれない。

018

夢婆

夢でも現実でも現れる

夢の中の老婆

二〇〇三年七月一〇日、2ちゃんねるに立てられた「死ぬ程洒落にならない恐い話集めてみない？44」にて、夢婆は現れた。

書き込んだ人物によれば、夢婆は当時から一〇年以上前、ラジオで聞いた話だという。

ある日、山口という男子高校生がこんなことを話した。

彼がまだ小さかった頃、夢の中に知らない老婆《ろうば》が何度も出てくるようになった。この老婆は紫色のスカーフを被り、指にはダイヤの指輪をいくつもはめ、黄色いカーディガンを羽織《はお》り、歯は全て金歯だったという。

そして老婆は山口に向かって「私のかわいいチェルシー、早く大きくなっておくれ」と言っていつもにたにたと笑っていたという。

老婆が迎えにやってくる

その夢は成長するにつれて見なくなったが、山口は高校生になってまた夢の中でその老婆に出会ってしまう。老婆は山口に対しこう言った。

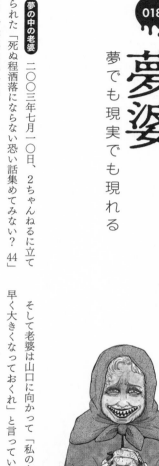

「大きくなったねぇ。もうすぐ迎えに行くよ」

山口はその話を友人にした後、夢ではなく現実でその老婆と遭遇《そうぐう》してしまう。老婆は彼が電車を降りた駅におり、山口に醜《みにく》い笑顔を見せると、「明日迎えに行くよ。チェルシー……」と言った。

そのまま老婆は人混みの中に消えていったが、山口は半狂乱になって家に帰り、そのことを老婆のことを話した友人に電話した。

そして翌日、山口は学校に行く途中に行方不明になってしまったという。

近付いてくる怪異

これがこの話の概要だ。老婆は「チェルシー」や「トム」など英語圏の名前で少年たちを呼ぶが、この怪談に似た要素を持つ話がイギリスにある。

これは「白い家のおじいさん」という民話で、少女がなくした手袋をあるおじいさんが見つけてくれたが、誰に渡してもらったか誰にも話してはいけないという。しかし少女は母親にこのことを話してしまう。すると夜になり、ベッドの中の少女の耳にあの老人の声が聞こえてきた。

「ほぅら、一段上ったぞ」

「ほぅら、二段上ったぞ」

老人は階段を上ったことを報告しながら近づいてきた。そしてその言葉は「ほぅら、お前の部屋の前だ」となり、最後は「お前を捕まえた」となる。翌朝、少女のベッドは空っぽになっている、という話だ。

このように加害者側が段階を踏んで自分の居場所を知らせ、最後に被害者の下に現れる話は欧州に多く見られ、様々な形で伝わっている。また日本でも捨てた人形が位置を知らせながら近づいてくる「メリーさんの電話」などがこれらの怪談の影響を受けていることが窺《うかが》える。

夢婆の話は少し変則的で、老婆が伝えるのは距離が近づいていく過程ではなく、少年が老婆による加害の対象となる年齢になるまでの時間の経過となっている。

老婆は夢で少年が大きくなれば迎えに行くと事前に予告し、終盤には迎えの時期がきたことを直接少年に伝えるという段階を踏んだ上で、最後には連れ去ってしまうのだ。

019

ナタデナタ

電子で広まる呪いの武将

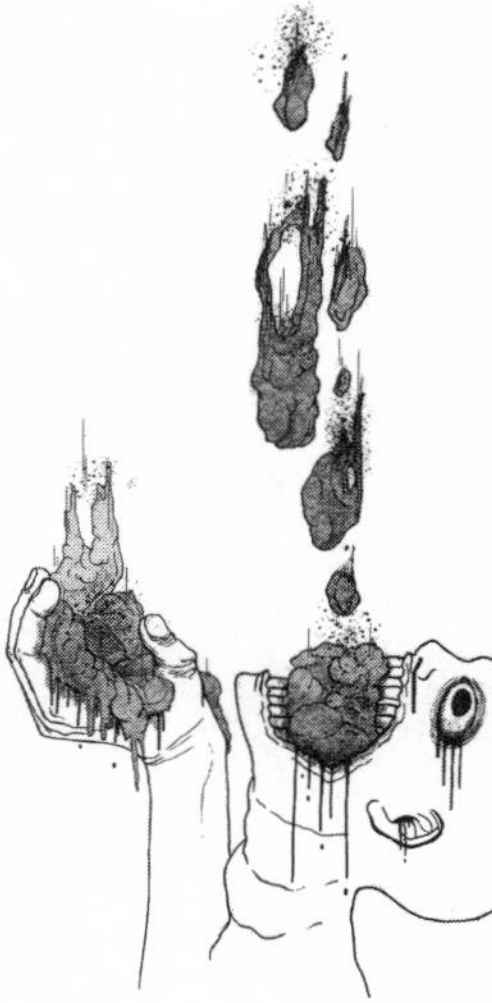

真夜中に現れる亡霊

二〇〇三年七月二九日のこと。大型電子掲示板2ちゃんねるにおいて、様々なスレッドに同時多発的にある話が書き込まれた。

その話を聞いたり、見たりした人間は、ある日の夜中に急に目が覚める。これが戦国時代に死んだ武将の亡霊、ナタデナタが現れた合図だという。

その現れ方にも複数のパターンがあり、ひとつはトイレに行くと突然血がトイレに流れ、それとともにナタデナタの肉片が流れてくるというもの。この場合はその肉片を流れないように全て手でせき止めなければならない。もしひとかけらでも流れてしまったらいつか殺されて地獄に連れて行かれてしまう。

次は目が覚めた途端目の前にナタデナタの顔が現れ、その口から血を垂《た》れ流してくるというもの。この場合はその血を口で受け止め、飲み込まなければならない。もし一滴でも零《こぼ》してしまうとその場で殺され、地獄に連れて行かれてしまう。

最後は単純に突然その人間の下に出現するというもの。この場合は対処法がなく、その場で殺されてしまうとされる。

何らかの条件を満たすことでナタデナタの出現パターンを選ぶことができるが、その方法は分かっていないという。

古くからいる伝染する怪異

このように話を聞いたり、見たりした人間の下に現れる話は古くからあり、四肢を欠損した幽霊である「カシマさん」、下半身を失った幽霊である「テケテケ」などが有名で、これらの幽霊の場合は問いに対し正しい答えを返すか、特定の呪文を唱えることで足や腕を奪われることを防ぐことができる、とされる場合が多い。

この類《たぐい》の怪談はさらに大正時代に日本に流入した「幸福の手紙」や、それから派生した「不幸の手紙」などに見られる「この手紙と同じ文言の手紙を一定の人数に送らなければあなたの下に不幸が訪れる」という文言に既に源流が見られる。これらは何らかの怪異や不幸が訪れるのを防ぐために、同じ内容の話を複数人にすることが肝であるため、ある意味対処法が明確だ。

一方、カシマさんやテケテケなどにおいては同じ話を一定人数にすれば回避できるという要素が消え、話を聞いたり、見たりしただけで怪異が訪れる、という部分だけが残った厄介なタイプも存在する。ナタデナタもこのタイプだ。

消えた回避方法

ナタデナタも特定の行動を起こすことで被害を防ぐ術《すべ》は記されているものの、同じ話を一定人数にしろ、という要素は見当たらない。掲示板に書き込まれた話によれば、ナタデナタの話自体は書き込んだ本人が小学生時代に聞いた話だということなので、それが本当であれば話を一定人数にする、という回避方法があった可能性もある。

しかし現在では失われてしまったため。これが出現した際には即死させられないことを祈りつつ、肉片をトイレに流されないようにせき止めるか、ナタデナタの血を飲むかの最悪の方法しかないようだ。

020

ロア　差出人のない手紙

書き込まれたロア　二〇〇三年八月二四日の深夜、2ちゃんねるのオカルト板にひとつのスレッドが立てられた。その名前は「信じようと、信じまいと—」で、次のような話から始まった。

信じようと、信じまいと—
ドイツのアイゼナハ地方に生きている館があったという。入るたびに部屋の位置や廊下の形が変わるのだそうだ。一九七二年、大学の調査隊が訪れた際、学生の一人が誤って壁を傷つけてしまった。

すると、大きなさけび声に似た音が館に響き、それ以降不思議な現象はおきなくなったという。

これと同じように「信じようと、信じまいと—」で始まる話が計六つ、数分間のうちに投稿された。
そして翌二五日の午前〇時、再び投稿が始まり、四つ目の投稿があったあと、これらの話についてこう語られた。

今、私の書いているこのロア（噂話）たちは、もともと私の知識ではありません。

ましてや作り話でも。これは半ば強制的に自分が知らされてしまったものです。

現在、私はこのロアをこれら以外にあと五二知っているのですが、これ以上話すのには勇気が要ります。

何故なら——いや、それは明日の夜にでも話します。

お話が現実を侵食する

これ以降、毎日午前〇時になると、同じ人物からロアと呼ばれる短い話が投稿されるようになるとともに、このロアを書き込むようになったきっかけも語られた。

ロアは全部で六二あり、差出人のない手紙の形で送られてきたという。その中にはこの手紙にあなたの知るロアをひとつ加えて、一人の人間に送れ。そしてこの中のロアについては一〇までしか人に教えてはならない。もしこれを破れば、あなたの名前の載ったこの手紙がそのうち回りだすことになる、と記されていた。

この後、投稿者の下で〇時五分に投稿したはずの書き込みが〇時に遡《さかのぼ》って投稿される、出典を調べてもなかったはずのロアに出典が出現している、小説にあるはずのない「ロアはあなたを見つけ、あなたはロアになる」という言葉が出てくるなどの現象が起き始める。

そして投稿者は自分という事実も「単なる「お話」になってしまうのではないだろうか？」と書き、自分の記憶が曖昧《あいまい》になっていく恐怖を語った後、三四番目のロアを書き込んでそのままスレッドから姿を消した。

次のロアは

このロアが扱う噂話《うわさばなし》は地域や時代を問わず多岐に渡り、また内容も様々である。共通点は「信じようと、信じまいと——」という文言で始まり、話が四行にまとまっているところ。

投稿者はその後一切姿を現していないが、書き込みの内容から見るに、物語、つまり自分自身もロアとなってしまったのではないかと考えられる。そうして六三番目のロアとなった彼は新たな手紙とともに次の犠牲者《ぎせい》の下に送られているのかもしれない。

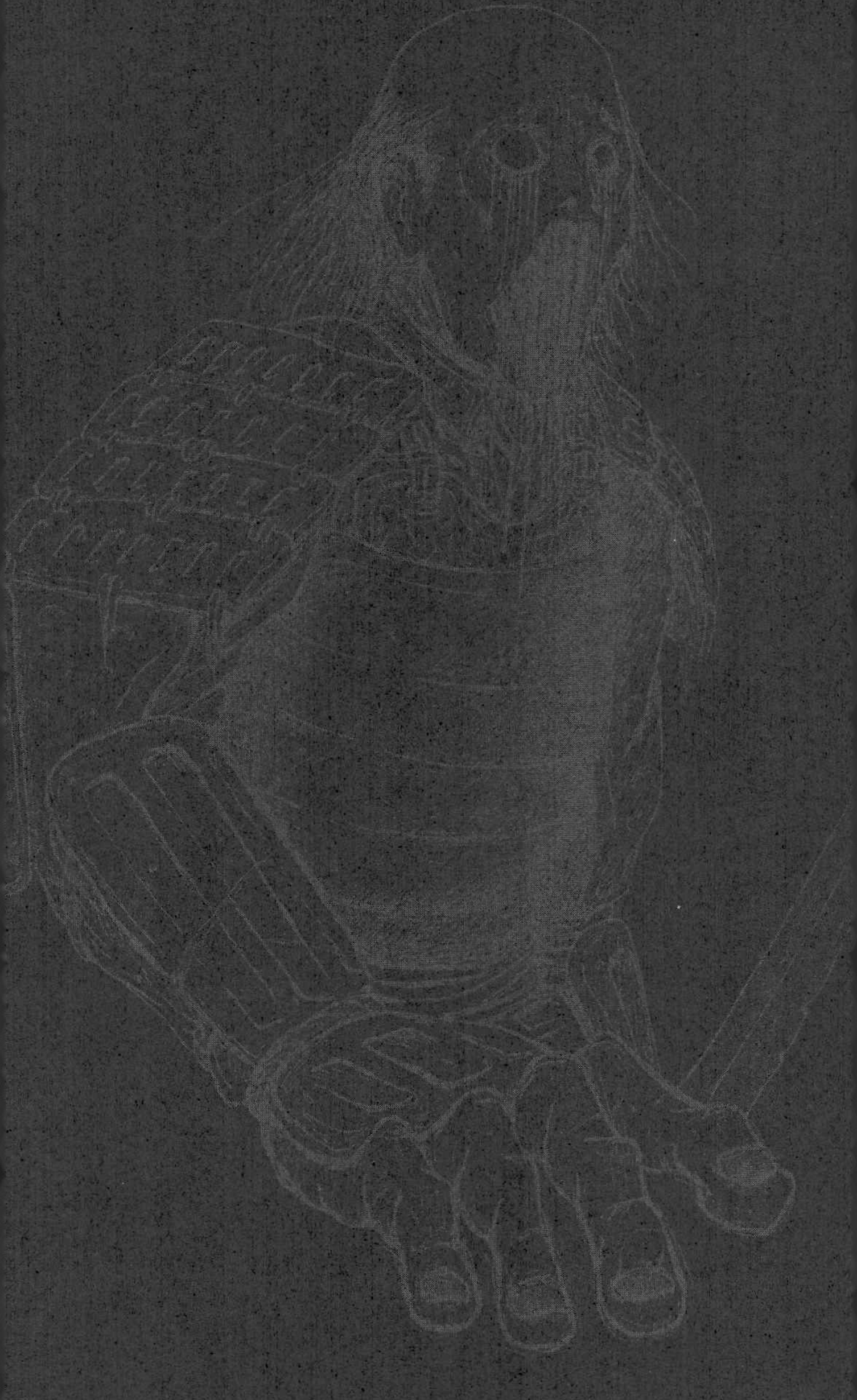

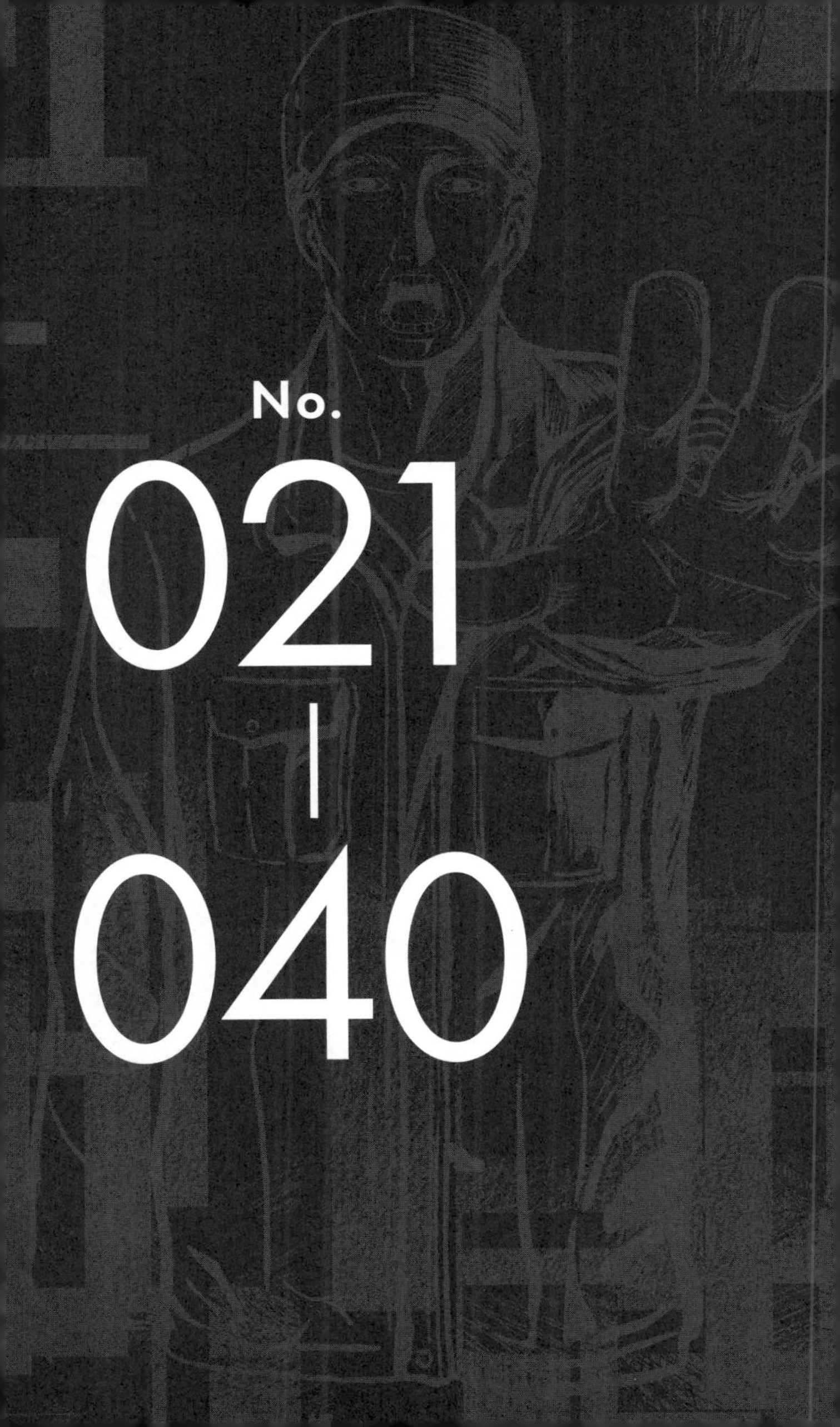

No. 021 | 040

021

きさらぎ駅

いつもの電車、異なる世界

異界へ向かう電車　いつもの帰り道、いつもの駅、いつもの電車。でもその電車が、自分をどこか知らない世界へ連れていくものだったら……。きさらぎ駅はそんな話だ。

二〇〇四年一月八日のこと、電子掲示板2ちゃんねるのオカルト板に立てられたスレッド「身の回りで変なことが起こったら実況するスレ26」にある書き込みがなされた。いつもと同じ通勤電車に乗ったはずなのに、電車が二〇分以上停まらない、という旨の書き込みで、時刻は夜の一一時過ぎだった。

こうしてきさらぎ駅の怪談はリアルタイムで現在の状況が語られる形で進行した。「はすみ」と名乗るこの女性は、やがて電車が見知らぬ駅に停車したことを報告する。その駅の名前こそが「きさらぎ駅」だった。

謎の無人駅　はすみはこのきさらぎ駅で降りてしまうが、そこは無人駅で、駅舎から出ると周囲には草原と山以外には何もなく、タクシーも見つからない。はすみは両親に電話し、迎えに来てくれるように頼むが、両親にもきさらぎ駅の場所が分からない。携帯電話でも位置情報にエラーが発生し、はすみは線路沿いに歩きながら民家を探すことに

する。

しかし結局民家は見つからず、線路沿いを進むにつれて次第に遠くから太鼓を鳴らすような音や鈴の音が聞こえてきた。恐ろしくなったはすみは2ちゃんねるに書き込み、助言を求めながら進み続けるが、突然誰かに声をかけられ、振り返ると片足のない老爺《ろうや》が立っていて、突然消えるという怪異に遭遇《そうぐう》する。

はすみはそのまま駅に戻ることもできずに前に進み続け、トンネルを抜けたところで何者かと遭遇し、その人物に車で近くの駅まで送ってもらえることとなったと報告する。しかしその車はどんどん山の方へ向かっていき、運転手が訳の分からない言葉を発し始めたことを書き込み、隙を見て逃げようと思う、と報告したところで彼女の書き込みは途絶える。今でもはすみのその後は分からないままだ。

二一世紀の神隠し

古くは人が突然いなくなる現象は「神隠し」と呼ばれた。その犯人は天狗《てんぐ》や山の神、狐や鬼などとされたが、現代ではそういった存在は信じられなくなっており、人が失踪《しっそう》すれば失踪事件として扱われる。

一方、きさらぎ駅は電子掲示板を利用したことで、特殊な世界に迷い込んでそのままいなくなってしまう過程がリアルタイムで発信された。これによって通常の失踪とは違い、何らかの怪現象によって失踪が起きたことが示される。ある意味、現代の神隠しと言える現象が起きているのだ。

また、このきさらぎ駅以降、類似した謎の駅を訪れたという話が報告されるようになった。

匿名掲示板を通して語られる体験談、それが現実か虚構かを容易に確かめる術《すべ》はなく、電子の海で実況された記録は残り続ける。

きさらぎ駅は、二一世紀を迎え、ネットの普及を経た今の時代だからこそ生まれた現代の神隠しであり、同時に異界駅という怪異の先駆者であると言えるだろう。

022

トミノの地獄

音読してはいけない詩

無間地獄の一人旅　「トミノの地獄」とは一九一九年に自費出版された西條《さいじょう》八十《やそ》氏の詩集『砂金』の中に収録された詩のひとつだ。

　それがなぜか二〇〇四年頃になってから、この詩を音読すると凶事《きょうじ》が起きる、死ぬ、不幸になる、といった噂が囁《ささや》かれ始めた。

　詩の内容はトミノという少年がたった一人で無《む》間《げん》地獄に落ち、真っ暗な地獄を旅する様子が美しい言葉でつづられている。また「姉は血を吐く、妹は火吐く、可愛いトミノは宝玉を吐く」「啼けよ、鶯、林の雨に妹恋しと声かぎり」というように詩は全編七五調で語られ、声に出して読むと大変印象に残る。

　しかし先述したように声に出すと変事が起きるとされており、実際に朗読したことで体調を崩す、怪現象が起きる、などの例が報告されている。ちなみに私は朗読しても何もなかった。

噂の発端　このように『トミノの地獄』は歴史が古い作品であるが、奇妙な噂が立てられるようになったのは出版から八〇年以上経った二〇〇〇年代前半である。

この詩自体は劇作家、寺山修司《てらやましゅうじ》が監督した映画『田園に死す』に多大な影響を与え、劇中に登場する歌謡「惜春鳥」の歌詞の元ネタになったことなどで知られていた。しかし、二〇〇四年に出版された四方田犬彦《よもたいぬひこ》氏の『心は転がる石のように』という書籍において、トミノの地獄を音読すると取り返しのつかない恐ろしいことが起きる、取り返しようもない凶事が起きるといったことが記された。

また同書では先述した寺山修司氏がこの詩を音読したためにしばらくして亡くなったという話が載せられているが、この話がトミノの地獄を読むと「凶事が起こる」のではなく「死亡する」という噂の発端となった可能性もある。しかし寺山修司氏が亡くなったのは一九八三年で、『田園に死す』が公開されたのは一九七四年であるため、それだけでも一〇年近い期間が空いている。

作者である西條八十氏もこの詩について多くを語っていないが、無論呪いの詩として作ったとも語っておらず、氏自身も一九七〇年、七八歳まで存命だった。

また『心は転がる石のように』のトミノの地獄に纏《まつ》わる記事は元々ポプラ社のWEBマガジン「ポプラビーチ」で連載されていたもので、当時の連載タイトルは『四方田犬彦の週刊ドドンパ』であったようだ。

人を傷つけるためではなく

当時のサイトは現在閲覧不可能で、インターネットアーカイブでもトミノの地獄の記事は記録されていないが、前後の記事と照らし合わせると、二〇〇三年四月から八月頃に記事として掲載されたのではないかと考えられる。インターネットでの広まりはこちらが元になっている可能性もある。

また四方田氏は昔からトミノの地獄を音読してはならないという話があったと記しているため、より以前から噂としては存在していたのかもしれない。

いずれにせよ、『トミノの地獄』は決して人を傷つけるために生まれた作品ではないのだ。それを忘れてはいけないだろう。

023

コトリバコ

未だ残る呪いの箱

その名は「子取り箱」

二〇〇五年六月六日、2ちゃんねるオカルト板の「死ぬ程洒落にならない怖い話を集めてみない？99」スレッドにて、島根県のある集落に伝わる奇妙な箱の話が書き込まれた。

それは「コトリバコ」と呼ばれ、二〇センチ四方ほどの大きさの木箱だという。

その正体は本来「子取り箱」と書き、この箱が近くにあると、女性や子どもは次第に内臓が千切れ、やがて死に至るのだという。

この箱は一人の男によってその地域にもたらされた。

一八六〇年代後半、その集落は酷い差別と迫害を受けていた。そこに戦《いくさ》から落ち延びてきた一人の男が現れる。集落の人々は更なる迫害を恐れ、男を殺そうとするが、男は自分の命を助けてくれるなら武器の作り方を教えると交渉した。その武器こそがコトリバコだった。

その作成方法は、まず複雑に木を組み合わせた木箱を作り、雌《めす》の家畜の血で満たして一週間置く。その血が乾き切らないうちに蓋《ふた》をして、集落で間引いた子どもの体の一部を入れた。

入れる部位は年齢によって異なり、赤子はへその緒と人

差し指の第一関節部分までを、七つまでの子は人差し指の先とはらわたを絞った血を、一〇までの子は人差し指の先を入れ、蓋をする。またこの時に犠牲《ぎせい》になった子どもの数で名前が変わり、一人でイッポウ、二人でニホウ、三人でサンポウ、四人でシッポウ、五人でゴホウ、六人でロッポウ、七人でチッポウとなる。これは数が多いほど強い力を持つとされる。

存在してはならぬ箱

そして集落に落ち延びてきた男は、最初に作った箱を持って行くと約束しており、七つまでの子ども八人を犠牲にしたハッカイを作った。しかし、これ以外にハッカイは作ってはならないと告げたという。

それから男はハッカイの効果を見せた。呪いの箱はわずか二週間で一五人の子どもと一人の女を殺害する。

その効果を目の当たりにした集落の者たちはコトリバコを作り、周辺の地域の者たちにこの集落に今後一切関わらないと約束させた。

そして、箱の作り方を伝えた男はその箱の管理の仕方を残し、去って行った。

それからも集落の人々は、間引かねばならない子どもが出る度に箱を作ったが、ある時一一歳の子どもが箱を盗んだため、集落内の女性と子どもが死亡。それでコトリバコは処分されることに決まったが、力が強すぎたためにすぐに処分はできず、複数の家で箱を持ち回り、力を薄めて処分した。

しかし、現在でも力の強いチッポウのコトリバコだけが未だ処分できずに残っているという。

隠岐騒動

この箱の作り方を伝えたのは隠岐島《おきのしま》において反乱を起こした人物の一人とされているが、時期からしてこの反乱は明治元年に起きた隠岐騒動と考えられる。この騒動は松江藩《まつえはん》の郡代《ぐんだい》を追放し、隠岐国の島民で自治を行おうとした反乱であるため、男は島民の一人か、もしくは島民に与《くみ》した松江藩の誰かだったと考えられる。

しかし島根県にも隠岐諸島にもこれに類する伝承は確認されていない。

024

おくりぼっこ

ひと夏だけの思い出

夏休みに出会った少年

二〇〇五年七月一三日、2ちゃんねるオカルト板に立てられた「∧∧∧山にまつわる怖い話Part20∧∧∧」スレッドにて、ある田舎町での不思議な体験が投稿された。

　報告者がまだ子どもの頃、千葉県の祖父母の家に遊びに行った時のこと。季節は夏だったが、弟が熱を出したため、彼は一人で祖父母の家を訪れたが、河原で遊んでいた際に同い年ぐらいの少年と出会った。

　少年は「さかいの家の者」と言ったため、報告者は「俺の家はチドリだ」と答えた。

　これらの名前は屋号で、この地域では互いに屋号で名乗るのが常であったが、さかいという屋号は聞いたことがなかったという。

　そして少年は太助《たすけ》と名乗り、報告者と友人になった。二人は秘密基地を作ることとし、毎日のように二人で会った。しかし、どうしてか秘密基地のある森には太助がいないと訪れることができなかった。

　また、太助は夕暮れになると母親と思《おぼ》しき女性が迎えに来ていたが、その際に口笛のような音が聞こえ、太助もまた口笛を吹いて答えていたという。そして、太助が母親と

手を繋《つな》ぎ、帰って行く方向は日が沈むのとは逆方向にもかかわらず、あるはずのない夕日のような光が見えたという。

あの世への帰り道

そして秘密基地が完成した日、報告者は翌日には実家へ帰らなければならなくなった。その時、太助は彼に蛍を見に行こうと提案し、報告者は太助に連れられてその夜、蛍の乱舞する美しい光景を見た。

それからいつものように太助の母親が口笛を吹いてやってきて、太助と手を繋いで帰って行った。その際、報告者が彼らの方を振り返ると、朱色に光る山のように大きな炎の中へ入るところだった。そして互いに吹き合う口笛の音が消えると、炎も消えてしまったという。

家に帰ってそのことを祖父に話すと、祖父はこう説明した。

「さかい」の太助と名乗った少年は弔う者のいない子どもの亡者で、「さかい」は「あの世とこの世の境」、「太助」は「助けを待っている」という意味だという。そして母親に見えたのは「おくりぼっこ」と呼ばれる存在で、子どもの亡者があの世へ行くまで笛を吹いて遊んであげる妖怪なのだという。

そして、太助は成仏したのか、報告者の下に姿を現すことはなかった。あの秘密基地とともに、遠い場所に行ってしまったのだという。

ぼっこを送るもの

「ぼっこ」という言葉は東北地方や関東地方の一部で「子ども」を表す方言として使われ、妖怪の名前としても「座敷《ざしき》わらし」に類似する「座敷ぼっこ」や「倉ぼっこ」の名前に使われている。

一方、「おくりぼっこ」は子どもの妖怪ではなく、子どもを世話する妖怪の名として登場する。これは「ぼっこを送る」、すなわち「子どもをあの世に案内するもの」という意味で「おくりぼっこ」と呼ばれるようになったのだろう。

迷える子どもたちの霊を慰《なぐさ》めてくれる、優しい妖怪のようだ。

025

ばりばり

繰り返される悪夢

夢の中の中学校 二〇〇五年七月六日、2ちゃんねるオカルト板に立てられた「死ぬ程洒落にならない怖い話を集めてみない？102」にて、ある悪夢にまつわる話が書き込まれた。

　ある男性が、中学校にいる夢を見た。校舎内は不気味に静まり返っており、それで男性は自分が今夢の中にいることに気が付いたという。

　そしてその校舎のトイレで、男性は自分の上着のポケットに「ばりばりばりばりばり」と記された紙が入っていることに気が付き、直後、トイレの奥の個室から物音が断続的に聞こえてきた。耳を澄ますと「ばり、ばり」という音が発せられていることが分かった。

　男性はすぐにでも逃げ出したいと思ったが、それとは裏腹に彼の体は壁をよじ登り、音がする個室を上から覗《のぞ》いた。

　そこに見えたのは、黒髪でおかっぱの女の子だった。その女の子が人間の生首を食べていた。彼女がその頭蓋骨《ずがいこつ》を齧《かじ》る度に、ばりばりという音がしていたのだ。

　男性は逃げ出したが、ばりばりが後を追ってくる。男性は全力疾走で一階へ駆《か》け降りた。

　下駄箱のある玄関には片足の無い少年や、和服姿の女の

子など、異様な姿のものたちがうようよしていたが、男性に敵意を向ける様子はなかった。

男性はそれらの間を走り抜け、校庭に出たが、校門には鍵がかかっていた。しかし四つある校門のうちひとつは簡単に鍵を開けることができたため、そこを通って校外に逃げ出した。そしてその瞬間、彼は思い出した。自分はこの夢を以前にも見ていることを。

悪夢は続くよどこまでも

そしてその際には校門を出てすぐのところにあるフェンスを切り取って作ったようなドアを出た瞬間に目が覚めたことを思い出し、そこに向けて走った。しかし前の夢と違って、そのドアは閉まっていた。振り返れば、ばりばりが彼に向かって走ってきている。

男性はとにかくがむしゃらに走った。そして給食センターの車が入るための門があることに気づき、そこをよじ登って逃げ出した。

そして乗り越えた直後、振り返ると、ばりばりが目と鼻の先で男性の頭に向かって腕を伸ばしていた。そしてこう言った。

「今度は殺せると思ったのに」

それから目が覚め、夢を忘れないようにノートに取ろうと考えた男性は、古びたノートを見つけ、それを開いたが、その中には「ばりばりばりばり」と繰り返し書かれていた。

次に夢を見た時、もし夢の中で死んだら現実でも死んでいるのではないか、そう吐露《とろ》して、話は終わる。

猿夢とばりばり

ばりばりは「猿夢《さるゆめ》」という話を見て類似した体験をしたことがある、という形で記された。猿夢も悪夢にまつわる話で、夢の中で遊園地の電車に乗った人物が小人に殺されそうになると語られるが、夢の中のはずの声が現実でも聞こえるなど、悪夢が現実を侵食していることが語られる。また同じ夢を何度か見た上、自分を殺そうとしている対象が前の夢の記憶を持っているなど、ばりばりと共通点が多い。

026 時空のおっさん

別世界にいる謎のおっさん

時空が乱れておっさんが現れる

二〇〇五年七月二一日、2ちゃんねるオカルト板に立てられた「死ぬ程洒落にならない怖い話を集めてみない？104」にて、ある大学生の不思議な体験談が投稿された。

その大学生は朝一〇時に起床し、昨日の夕食の残りを食べ、大学に行ったところ、なぜか構内に人の姿がない。教室に行っても誰の姿もなく、不思議に思っていると、携帯電話に着信があった。確認すると「NOBODY」と表示があり、電話に出ると「お前、何でここにいるんだ！」という男性の声が聞こえた。「あなた誰です？」と尋ねると、「そんなことはどうでもいい、どうやってここに入って来た！」と言う。そして外を見ろと言うため、言う通りにすると、グラウンドの中央に携帯電話を耳に当てる中年男性が立っているのが見えた。

直後、その男性がポケットに手を入れたため、何か分からないが危険だと考えた大学生は急いで教室から出たが、その瞬間、体が伸びるような初めての感覚に襲われ、自分の部屋で目覚めた。時刻は午前八時ちょうどだったという。

夢かと思ったが、冷蔵庫の中からはしっかりと昨日の夕食の残りが消えていた。そこで、その大学生はあの男性は時の番人なのではないかと考えた。しかし、その男性がどのような姿だったのかははっきりせず、ただ中年の男性だった、という感覚だけが残っているという。

複数の体験談　この話が代表的な「時空のおっさん」の話とされる。さらに早い事例としては同年の二月六日にも中学時代の体験として、突然教室に誰もいなくなり、校庭を見ると中年男性が校庭の真ん中で作業しており、中学生に気付くと慌てて上着のポケットに手を入れる様子を見た。その直後、中学生は何分か前の授業中の教室に戻っていた、という話が投稿されている。

これらの投稿以降も同様の存在と遭遇《そうぐう》したという話が幾例も投稿され、やがて共通した名前として「時空のおっさん」が使われるようになった。

異世界に迷い込んだ際の対処法　これら時空のおっさんの特徴《とくちょう》として、作業着やスーツ姿の中年男性である、人間を見つけると「ここで何をしている」「どうやって入って来た」などと声をかける、事情を話すと携帯電話でどこかに連絡し始める、時空のおっさんがポケットの中の何かをいじったり、体を触れたりすると元の世界に戻れる、元の世界では時間が戻っている、時空のおっさんの顔は思い出せない、などがある。

日本でも古来から神隠しにあった際などに、天狗《てんぐ》や山の神などが元の世界に連れて帰ってくれた、という体験談が語られている。またその場合、時間の流れが変わっていたという話も多い。

しかし時空のおっさんの場合、どうもどこかの組織に所属しており、何らかの業務の一環として迷い込んだ人間を元の世界に戻しているような印象を受ける。

現代では異世界に迷い込んだ場合の対処法もマニュアル化されているのだろうか。

027

リョウメンスクナ

日本国家への呪い

寺に保管されていた呪物

2ちゃんねるオカルト板の「死ぬほど洒落にならない怖い話集めてみない？109」スレッドにて二〇〇五年九月二一日に書き込まれた怪異。

それは二つの頭が後頭部同士で接合し、腕が左右二本ずつの計四本、体はひとつで足は二本という人間のミイラで、岩手県の古寺、その本堂の奥で、木箱の中に封じられていた。

この箱の中身を見てしまうと不幸に見舞われるとされる。実際、直接箱を開いた者は謎の心筋梗塞《こうそく》で死亡、精神を狂わされる、といった被害に遭《あ》い、また中身を見ただけの者たちも原因不明の高熱に見舞われる、大怪我をするなどした。

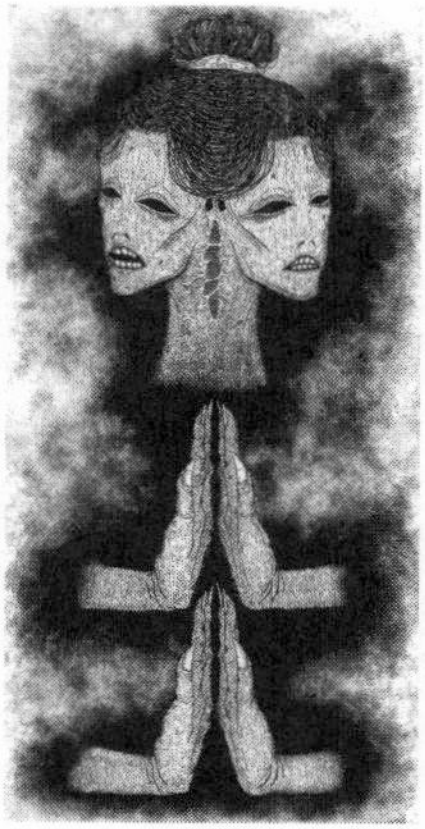

作られたリョウメンスクナ

その正体は大正時代、物部天獄《もののべてんごく》という偽名の、ある邪教の教祖が日本国家そのものを呪うために作り出したものだという。

天獄は岩手のある集落で生活に困窮した親によって見世物小屋に売られた結合双生児を大金を出して買い取った。

そして彼らを他の形態異常の人間たち数人とともにひとつの部屋に押し込み、殺し合わせる蠱毒《こどく》を行った。その儀式は結合双生児が生き残るよう他の者たちにあらかじめ致命傷を負わせた状態で行われ、さらに生き残った後も死体の肉や自身の糞尿《ふんにょう》を食べねばならぬほどの長期間に渡り結合双生児を監禁した。そして最後に天獄は彼らを別の部屋に閉じ込め、餓死《がし》させる。

彼はその死体に防腐処理を施《ほどこ》し、その腹部に遺跡で発掘された古代、朝廷に反逆していたまつろわぬ民たちの骨を粉状にしたものを入れ、日本神話で語られる怪物、リョウメンスクナになぞらえた呪物を作り上げた。そして物部天獄はそれを携《たずさ》えて日本中を渡り歩き、彼が訪れた場所では様々な災害が引き起こされたという。

最後に物部天獄は相模湾《さがみ》沿岸近辺にて刀で喉《のど》を掻《か》き切って自害したが、その際に血文字で「日本滅ブベシ」という遺書を残した。その直後、関東大震災が発生したという。

まつろわぬ民

リョウメンスクナは『日本書紀』において飛《ひ》驒国《だのくに》、現在でいう岐阜県に現れた「宿儺《すくな》」のこと。

これは後頭部で繋《つな》がった頭に四本の腕、踵《かかと》がなく両側に指先のある二本の足を持ち、武力に優れていたと記されている。

『日本書紀』では人民を襲い朝廷に討伐される怪物として記されているが、地元岐阜県では千光寺《せんこうじ》の縁起において救世《くせ》観音の化身として宿儺が現れ、千光寺を開いたと語られていたり、日龍峰寺《にちりゅうぶじ》には高沢山に現れた毒龍を調伏したという話が残されている。このように岐阜県では宿儺を英雄視する傾向が強い。

元来記紀神話には大和朝廷に従わない者たちを征服する様子が描かれている。土蜘蛛《つちぐも》、隼人《はやと》、蝦夷《えみし》、熊襲《くまそ》などと呼ばれる者たちだ。このため、宿儺もそんなまつろわぬ地方豪族だったという説がある。

物部天獄の思想を見るに、まつろわぬ民の骨を使ったり、日本を呪おうとしたのはこの大和朝廷への反逆が根底にあり、そのために日本神話に語られ、朝廷へ反逆した怪物であり英雄、宿儺を利用したのではないだろうか。

028

かんひも
呪いの黒い髪

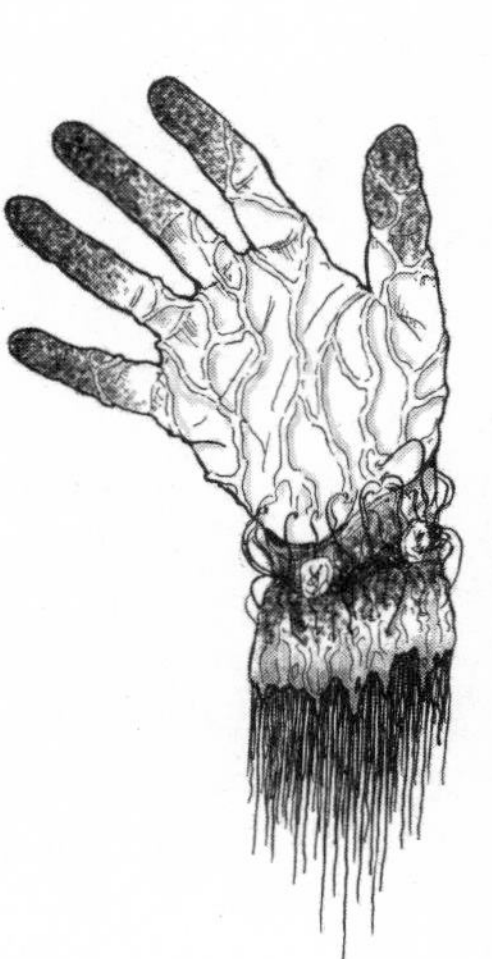

黒い腕輪の呪い　2ちゃんねるのオカルト板に立てられた「死ぬ程洒落にならない怖い話を集めてみない？　111」スレッドにて、二〇〇五年一〇月一四日、呪いの腕輪についての話が書き込まれた。

ある少年が長野県長野市信州新町《しんしゅうしんまち》の母方の実家に遊びに行った際のこと。

ここで同い年ぐらいの子どもと仲良くなった少年は、その友達と山で遊んでいた際、四人の人物が立ったまま絡み合い、苦悶《くもん》の表情を浮かべている石碑《せきひ》と、その足下に埋《う》められた腐った木の箱を見つけた。

少年と友達がそれを開けてみると、黒く艶《つや》がある縄紐《なわひも》のようなもので結われた腕輪が入っていた。その腕輪は意味不明な漢字が掘り込まれた丸い石のようなもので五か所が留められていたという。友達はこれを腕に嵌《は》めたが、途端に「ケー！」という鳥か猿のような声が聞こえた。それを聞いた二人は気味が悪くなり、家に帰った。

しかしその少年に異変が起きる。腕輪の糸がほどけ、その一本一本が腕に突き刺さり、皮膚の中を寄生虫のように動いていたのだ。

少年は彼の家に呼ばれこれを目撃したが、少年の祖父が柳刃《やなぎば》包丁でその友達の腕を切断する。切り落とした傷口からは血や肉ではなく無数の髪の毛がこぼれ落ちてきて、その後、僧侶が来て一晩中読経《どきょう》したという。

翌日、友達は病院へと連れて行かれた。しかし彼は一生寝たきりになり、その脳には髪の毛ほどの細さの無数の穴が空いていたという。

かんひもの由来

この話を報告した人物によれば「かんひも」は「髪被喪」と書き、「髪」のまじないで「喪（良くないこと・災い）」を「被」せるという意味であるという。またその由来は以下のように語られている。

古い時代、ある村では身内同士での婚姻により血縁関係が濃くなり、障害のある子が生まれることがあった。その子は「凶子《まがつこ》」と呼ばれ、その子を産んだ母親も「凶女《まがつめ》」と呼ばれた。凶子が生まれた場合、その母子は災いを呼ぶとされたことからまず凶女に凶子を殺させ、凶女も殺害するという風習があった。さらに凶女は死後も災いを及ぼすとされ、凶女の髪の束を凶子の骨で作った珠で留める「髪被喪」を作り、それを隣村の地面に埋めて災いを他の村に被せようとした。

しかし他の村の人間たちがそれをみすみす見逃すことはなく、呪いを返してきたため、さらにそれを防ぐために阿《あ》苦《く》と呼ばれる道祖神《どうそじん》を作った。これがあの四人の人間を象《かたど》った像で、元は「架苦《かく》」と呼ばれており、像に苦を架すことで村に災いが及ぶのを防ごうとしたという。

髪の毛という怪異

髪の毛が不思議な力を持つという話は古くからある。

例えば横井希純著『阿州奇事雑話』には現在の徳島県三《み》好郡《よしぐん》東みよし町にあった彌都比売《やつひめ》神社の御神体が髪の毛であったが、この髪が伸びて近隣の村を荒らしまわっていた山賊を締め上げたという。これは「麻桶《あさおけ》の毛」という名でも知られている。

かんひももそういった頭髪を不思議なものと見る思想から生まれたのかもしれない。

029

なにか

形容しがたいなにか

山中に現れた「なにか」　2ちゃんねるオカルト板に立てられた「^^山にまつわる怖い・不思議な話Part23^^」スレッドにて、何とも形容しがたい怪物に襲われた話が二〇〇五年一一月一八日に書き込まれた。

それは当時から何十年も前のこと、ある男性がその頃は珍しいバイクに乗って山のキャンプへと出かけた。まだ電気の灯りが普及し始めたような時代で、山には灯りなどなく、夜になれば漆黒の闇に包まれる。

そこで男性は火を焚いて酒を飲んでいたが、何者かが近づいて来る気配を感じた。

獣か猟師《りょうし》か、それとも化け物か、と考えた男性は腰に差していた鉈《なた》を抜き、何者かの襲来に備えた。

やがて藪《やぶ》を掻《か》き分ける音とともに「なにか」が現れた。

その姿は、縦は周囲の木よりも高く、横幅は男性の半分ほどしかない。見た目はゆらゆらと揺れる太く長い棒のようなもので、「なにか」としか呼びようがなかったという。

なにかとの交渉　男性は声も出せずそれを凝視していたが、突然そのなにかが口をきいた。

「くりゃあぬしんんまけ?」

男性はこの化け物が「これはお前の馬か?」と言っていることを理解し、男性は何とか「そうだ」と答えた。

するとその棒のようなものは「ぺかぺかしちゅうのぉ。ほすぅのう」(ピカピカしているのう。欲しいなぁ)と言った。

その時男性はこの棒が口をきく度に猛烈な血の匂いがすることに気付き、これが肉食であると分かった。

男性は断ればどうなるか分からないと考え、「欲しければ持って行け」と答えると、棒は「こいはなんくうが?」(これはなにを喰《く》うんだ?)と尋ねる。それに「ガソリンを喰らう」と答えると、「かいばでゃあいかんが?」(飼い葉ではだめか?)と言うため、「飼い葉は食わん。その馬には口がない」と答えた。

すると棒は「あ〜くちんねぇ　くちんねぇ　たしかにたしかに」と納得し、「ほすぅがのう　ものかねんでゃなぁ」(欲しいけど、ものを食べないのではなぁ)と呟《つぶや》き、不機嫌そうに体を揺らした。

男性は怒らせてはまずいと考え、持ってきた菓子類を袋に詰めて投げた。するとそれは棒の体に吸い込まれるように見えなくなった。

棒のようなものは一言「ありがでぇ」と呟いて、山の闇へ消えていったという。

それから男性は朝が来るのを待ち、急いで山を下りた。以来、彼は二度と山に登らなかったという。

一本足の山の怪　山の神や妖怪には一本足であるという伝承が多く、「一本ダタラ」や「一本足」と呼ばれる妖怪は、片足だけの足跡を残すとされる。奈良県の伯母ケ峰《おばがみね》山には電柱に目鼻をつけたような姿の一本ダタラが出たという話があり、岡山県の蒜山《ひるぜん》高原には粋呑《すいとん》という妖怪がおり、悪事をたくらむ者などのところにすぃーと飛んで来てトンと一本足で立ち、食べてしまうと伝えられている。

この「なにか」もこのように一本足の山の怪の一種の可能性もあるが、それにしても目鼻口がないなど謎が多い化け物である。

030

海からやってくるモノ

その姿を見てはならない

それは海から現れた

二〇〇五年一二月七日に2ちゃんねるオカルト板の「死ぬ程洒落にならない怖い話を集めてみない？116」スレッドに書き込まれた、ある海辺の町に特定の日のみ現れるという化け物。

ある学生たちが真冬の海辺の町で遭遇《そうぐう》したという。

この時、町には一人も人が出ておらず、家や店を閉ざして玄関の軒先《のきさき》に籠《かご》や笊《ざる》をぶら下げていた。

ガソリンがなく動けなくなった学生たちは、神社の石段の手前にある駐車場に車を停め、そこで眠りについたところ、連れていた犬の叫び声で目を覚ました。

すると生臭さとともに黒い煙の塊《かたまり》のようなものが這《は》い出して来るのが見え、その先端には顔のようなものがついていた。またこれの出現とともに耳鳴りが起きたという。

化け物は海から這い上がった後、その町の家の軒先を覗《のぞ》き込んでいた。学生たちはこれから逃れるため、ガス欠状態の車を何とか走らせたが、この時振り向いて化け物を見てしまった一人は、顔を引き攣《つ》らせて痙攣《けいれん》し、それから一週間高熱を出して寝込んでしまったと語られている。

伊豆七島の妖怪、海難法師

この怪談の舞台となった地域は不

明であるが、伊豆七島に伝わる妖怪「海難法師《かいなんほうし》」との関連が語られることがあり、実際、共通点がいくつか存在している。

海難法師は江戸時代、この島々の人々に憎まれていた悪代官、豊島忠松《とよしまただまつ》の成れの果てと伝えられ、彼を殺そうと画策した島民たちの罠によって海が荒れる日に島巡りを決行し、そのまま波に呑まれて死亡した。その怨念が悪霊と化し、やがて毎年旧暦一月二四日になると海難法師と呼ばれる妖怪となって島々を巡るようになった、とされる。

桜井徳太郎《さくらいとくたろう》編『民間信仰辞典』によれば、この海難法師による被害を防ぐため、伊豆七島ではこの日は決して外に出ず、魔除《まよ》けとして門口に籠を被せ、雨戸に柊《ひいらぎ》やトベラなどの匂いが香ばしい、魔除けないしは厄を払うとされる葉を刺したという。これは「海からやってくるモノ」の話において、各家や店が籠や笊を軒先にぶら下げていた、という描写と類似している。

また、どうしても外に出なければならない時は頭にトベラの葉をつけたり、袋を被って海を見ないように移動したと記録が残されている。

この風習を守らず海難法師に出会うと様々な災いが降りかかると伝えられており、姿を見ただけで被害が及んだ海からやってくるモノの話と類似点が見られる。

断定できぬ正体

一方、海からやってくるモノの話は島が舞台だとは記されておらず、ただ海辺の地域であることが窺《うかが》えるのみだ。そのため海難法師と同一のものと断定することはできない。

海からやってくるモノは現代に現れた海難法師、もしくはそれに類似した何かだったのだろうか。

Column

私の怪異・妖怪収集方法

今の時代、怪異・妖怪と呼ばれるものには数えきれないほどたくさんの種類があり、彼らをどのように集めるか、方法もその分多岐に渡ります。

私は幼い頃から怪異・妖怪が好きでしたが、本格的に彼らを集め、分類し始めたのは、大学生の頃からだったと思います。その頃から数えると、収集を始めてからもう一〇年以上は経つことになります。

そこで今回はその経験を元に、私がどのように彼らを集めているのか、その方法を参考までに書いていきたいと思います。

第一に、文献資料による収集があります。書籍や論文などに残された記録を集める作業です。

私は大学時代、文学部で日本文学を学んでいたこともあり、何を調べるにしてもこれを基本としています。恐らく他の多くの分野でもそうでしょう。

文献には先人の方々が記録として残した様々な情報が記してあります。特に怪異・妖怪の場合はその時代、地域によって伝承されるものが変化するため、時代や地域の記録が上書きのできない紙媒体として残されている書籍資料は、彼らの痕跡を辿る上で非常に有用です。

特に現代の怪異・妖怪は残っている資料が豊富です。学術的な資料ではなくとも、例えば当時の少年少女たちを対象とした怪談系の書籍などには子どもたちが怪談を投稿するコーナーなどがあり、当時子どもたちの間でどんな話が語られていたのかを垣間見ることができます。また当時の漫画や映画、ドラマなどが後々学校の怪談や都市伝説のような形で流布《るふ》する場合もあり、現代と言っても、戦後から数えれば七五年以上経っておりますから、集めるのは結構大変です。正確には数えておりませんが、現在、資料の冊数だけでも一〇〇〇冊以上はあると思われます。日々新しい資料も増えておりますから、これからも資料集めは続くことでしょう。

第二に、インターネットを使った収集方法があります。これは現代特有ですが、特に本書の主題である二一世紀以降の怪異・妖怪を集める場合には必ず必要になります。

また一九九〇年代後半以降、一般家庭にもパソコンが普及し、インターネットが身近なものとなると、この電子の世界を通して怪異・妖怪の情報が語られるようになりました。それは実際の体験を語ったものもあれば、一から創作した話を語ったものもあるでしょう。電子の画面を通してその真偽を確かめることは難しいですが、インターネットが現代の怪異・妖怪文化に非常に大きな影響を与えているのは確かです。

しかし、インターネットは物理的に残る書籍資料と違い、突然内容が閲覧できなくなるという現象が多々発生します。このため、インターネットにおいては調べたそのタイミングで記録を残しておくようにしています。

そして、これらの方法で集めた怪異・妖怪は、パソコンを使って整理します。私の場合、まずメモ帳アプリを使ってファイルを作り、怪異・妖怪の名前、概要、考察や備考などを書き込み、ひとつの項目とします。そして出来上がったファイルは五十音順になるよう「よみがな『項目名』」という形で保存し、原稿を書く際など必要に応じて引っ張り出すのです。現在、こうして集めた項目は四〇〇〇を越えました。

これは私の方法ですので、自分に合った方法を探してみることが大切です。

そしてここからは収集方法からは少し外れますが、怪異や妖怪を集め、調べる上で大事なこととして、知識の引き出しを増やす、ということに触れておきたいと思います。

例えば本書で取り扱うような現代の怪異・妖怪に限定しても、実は近世以前の話に類例があった、もしくはそのままの話が舞台だけ現代に置き換えられている、などということは多々あります。また先述したように学校の怪談や都市伝説として拾われているものが、実は過去の創作品のストーリーとほぼ一致している、といったこともあります。自然現象や生理現象がその正体なのではないか、という結論に至ることもあります。

この他にも怪異・妖怪に関係ない分野だと思っていた知識が思わぬところで繋がることも頻繁《ひんぱん》にあります。怪異・妖怪というものはあらゆるものと関係しているのです。

私もまだまだ引き出しの数は少ないですが、できるだけ広い視野を持って、怪異・妖怪たちと付き合うこと、それが彼らを知るための遠いようで近い道になると思い、励んでいます。

もしこの本を読んでいる方のうち、特に現代の怪異や妖怪を集めたいという方がいれば、文献、インターネット、そして直接取材、これらの中でやりやすいものを選び、始めてみるのはいかがでしょうか。

それと同時に、どんな知識でもいつか怪異・妖怪たちに繋がる可能性がある、そう考えると、日常で得られる様々な知見がより楽しいものになるかもしれません。

031

異世界に行く方法

開いた扉の向こうには

異世界に行くための手順

二〇〇五年頃からインターネット上でエレベーターを使って異世界に行く方法なるものが広まり始めた。

それによれば、まず必要なものはエレベーターが設置されている一〇階以上の建物で、最初にその建物のエレベーターに一人で乗ることから儀式は始まる。

そのエレベーターで四階、二階、六階、二階、一〇階、五階の順に移動する。この際、五階に着くまでに誰かが乗ってきた場合、儀式は失敗するという。

そして五階に着くと若い女性が乗ってくるため、それを確認したら一階のボタンを押す。するとエレベーターは一階に降りることなく一〇階へと上がって行く。そのまま一〇階へ行くことができ、その扉が開けばそこには自分しか人間のいない世界が待っているという。

エレベーターに纏わる怪談

辿り着く場所が自分以外に人がいない世界ということから分かる通り、五階から乗ってくる女性は人間ではないとされる。

エレベーターが何らかの怪異が発生する場所として語られる話は多い。イギリスではまだエレベーターが新しい装置だった頃の話として、河野《こうの》一郎《いちろう》編・訳『イギリス民話集』に「もう一人分の空き」という話が載せられている。

ある若い女性がロンドンに行く途中、古い荘園領主の邸《てい》宅《たく》に泊まったが、夜一二時、窓の外に霊柩《れいきゅう》馬車が現れた。しかし馬車には棺《ひつぎ》が載っておらず、代わりにたくさんの人が乗っていた。

馭者《ぎょしゃ》は女性の部屋の窓の側まで来ると「もう一人乗れるぜ」と言う。女性はこれを無視して眠ってしまう。

翌日、女性はロンドンで買い物をし、エレベーターで下に降りようとした。エレベーターはかなり混んでいたが、エレベーター係の男は「もう一人乗れますよ」と言う。しかし、その顔は昨夜見た霊柩車の男と同じだった。女性はエレベーターに乗るのを断ったが、直後、エレベーターが落下して乗客は一人残らず死んでしまったという。

この話はアメリカや日本にも輸入されており、日本ではエレベーター係は女性になっているが、正体が地獄からの使者だった、とも語られている。

異世界に行ってしまった話

また渡辺節子《わたなべせつこ》・他著『夢で田中にふりむくな』には、エレベーターを使って異世界に行った話が載っている。

それによれば、ある大学のエレベーターでいつもはない「R」のボタンを見つけた若者たちが試しに押してみると、エレベーターは屋上のような景色の場所で開いた。

しかし違和感があったため、若者たちはそのままエレベーターの扉を閉め、下に降りた。実は扉の先にあったのは異世界であり、エレベーターから降りて扉が閉まると二度と元の世界には戻れないのだという。

異世界に行く方法はこれに似ており、方法が複雑化しているが、一〇階以上ある建物ならばどこでも異世界に行けるようになっている。

この他にもエレベーターで幽霊や謎の存在と遭遇《そうぐう》した話は多い。エレベーターは動く密室であり、扉の向こうに何があるかは扉が開くまで分からない。

そのため、怪談の舞台となりやすいのだろう。

032

巨頭オ

廃村に潜む謎の人間

楽しい旅行のはずが……

二〇〇六二月二二日、2ちゃんねるの「時空の歪みPart4」スレッドに、ある奇怪な村の話が書き込まれた。

一人の青年が数年前に訪れたある村を思い出した。そこには小さな旅館があり、心のこもったもてなしを受けたため、久々にそこに行きたいと思い立つ。

そこで青年は連休を利用して車を出し、その村へ向かった。記憶力に自信があったため、記憶を頼りに道を進んでいった。

村に近付くと「この先~km」と村への距離を記した看板があるはずだったが、その看板の内容が変わっており、「巨頭オ」と記されている。青年は不思議に思ったが、とりあえず進んでみることとした。

すると進んだ先に村はあるにはあったが、廃村と化していた。長らく放置されていたのか建物に草が巻きついており、とても数年しか経っていないとは思えない状態だった。

頭の異様に大きな人間

不思議に思いながら青年が車を降りようとすると、二〇メートルほど先の草むらから異様に頭の大きい人間のようなものが現れた。

しかも一人ではなく、複数人が青年の乗る車の周りを囲うように立っている。その異様な光景に困惑していると、巨大な頭を持った人間たちが両手を足にぴったりとつけ、頭を左右に振りながら近付いて来た。その恐ろしい光景に青年は急いで車をバックさせ、国道に出てそのまま走り去った。

後日、青年が地図を確認したところ、その場所はかつて彼が旅行で訪れた村であることは間違いなかった。しかし二度と訪れようとは思わなかったという。

鹿児島県に現れた巨頭オ

看板に書かれていたのは元々は「巨頭村」という言葉で、村の木偏《きへん》部分が削れてしまったため、または寸の部分と木の右側のはらいが削れてしまったため「オ」に見えたのではないかと考えられる。

かつてその村に住んでいた人がなんらかの理由で化け物となってしまったのか、化け物たちが村を乗っ取り廃村になったのかは分からない。

二〇一八年八月一五日にはTwitter上で「巨頭オ」と書かれた看板を見つけた、という投稿がなされた。それによれば、鹿児島県の金峰山《きんぽうざん》へ走って行く途中、林道に入ったところ現れたという。

しかしこの看板を探索しに行った者は誰もその看板を見つけられていないようだ。

一応、金峰山付近で頭部に特徴《とくちょう》がある存在を考えてみると、山の麓《ふもと》にある金峰町（現南さつま市）には「ヨッカブイ」と呼ばれる水難除《すいなんよ》けの祭りがあり、夜着を纏《まと》った青年がシュロで作った頭巾を頭から被る風習がある。これ自身もヨッカブイと呼ばれ、道行く人を笹《ささ》の葉で祓《はら》って水難を除けたり、悪いことをした子どもたちを麻袋に入れて諭《さと》したりする。

このヨッカブイは頭全体を頭巾ですっぽりと覆うため、通常よりも頭が大きく見える。しかし巨頭オの場合は頭巾ではなく人間の頭がそのまま巨大化したような描写がなされているため、関係は薄いように思われる。

033

リンフォン

地獄の門が開かれる

不思議な正二十面体 二〇〇六年五月一三日、2ちゃんねるオカルト板の「死ぬ程洒落にならない怖い話を集めてみない？129」スレッドにて、あるアンティークショップにあったという正二十面体の奇妙な置物についての話が書き込まれた。その物体の名はリンフォンという。

　リンフォンは「熊《くま》」「鷹《たか》」「魚」の順に変形する機能を持っており、二十面のそれぞれを押したり、回したり、引っ張ったりすると、別の面が隆起・陥没し、形を変えていく仕組みになっている。

　ある時、カップルがこれを買い取り、彼女の方が変形させて遊んでいた。しかしリンフォンが熊、鷹へと変形するにつれ、彼女やその恋人の下で怪異現象が起き始める。

　初めの異変は携帯電話にかかってくる奇妙な現象だった。液晶画面に「彼方」と表示され、町の雑踏のような音と大勢の話し声のようなものが聞こえたという。

　次に異変が起きたのは、リンフォンがほぼ魚の形になった頃だった。彼女の部屋に泊まった男性は夢で暗い谷底から大勢の裸の男女が這《は》い登ってくる光景を見る。彼はそれを背に必死に崖を登って逃げていると、頂上に手をかけたところで女に足を摑《つか》まれ、「連れてってよぉ!!」と叫ばれた

という。

極小サイズの地獄

翌日、二人は携帯ショップに向かったが、異常は見つからず、気分転換に占いに行くことにする。しかし占い師は二人を見た途端、彼らに帰るように告げる。

納得できない男性が理由を尋ねると、女性の後ろに動物のオブジェのような物が見えると言う。さらに問い詰めると、占い師は「あれは凝縮された極小サイズの地獄です！地獄の門です！　捨てなさい！」と告げた。

それを聞いた二人はすぐにリンフォンを捨てた。

それから数週間後、カップルの女性の方があることに気づいた。

リンフォンはアルファベットで「RINFONE」と書く。それを並び替えると「INFERNO（地獄）」となることに。

魚の形が完成した場合どうなったのか、それは不明なまま話は終わる。

ダンテの『神曲』と地獄の門

「INFERNO」はイタリア語で地獄を意味する言葉で、英語でも使われている。この名前が登場することで有名なのは、イタリアの詩人ダンテの『神《しん》曲《きょく》』であろう。この詩ではリンフォンにも出てきた「地獄の門」が登場し、そこから主人公のダンテが地獄に赴《おもむ》くという始まり方をする。

熊、鷹、魚は同じくキリスト教関連だと考えると、『聖書』の「創世記」において神が人間を作った際に告げた「海の魚と、空の鳥と、地に動くすべての生き物とを治めよ」に対応するのだろうか。それとも先の『神曲』で地獄が「放縦」「悪意」「獣性」の三つを罪の原因として分けているため、これに対応している可能性もある。ただその場合はどれがどれに対応するのか分からない。

いずれにせよリンフォンは人として犯してはならない罪を動物の姿で表しているのかもしれない。そしてその三つの罪を揃えた時、ダンテのように地獄の門が開かれるのだろうか。

034

ダッガコドン

遊び相手を探す子どもたち

真夜中に現れた子どもたち

ある男性が仕事で失敗が続き、実家に帰った時のこと。彼は地元の七嶽《ななたけ》神社に行き、厄払いをしてもらって実家に戻り、眠りについた。

その夜の午前三時頃のこと。目を覚ました男性は、ふと子どもの声を聞いてそちらに注意を向けた。しかしこの家に子どもはいない。それに気づき、恐怖が襲ってくるとともに体が動かなくなった。

そうしているうちに子どもの声は部屋の前で止まり、襖《ふすま》を開いて二人の子どもが入ってきた。年恰好は小学校低学年ほどで、顔は全く同じの双子のようで、部屋を探索した後、男性の方を見たため、目が合ってしまった。

すると子どもは以下のように話し始めた。

「あ、このひとおきてるよ」

「あ、ほんとうだ」

「どうする?」

「つれていこうか?」

「でもここにななたけさんがあるよ」

「じゃあやめとこうか」

「ばちがあたるけんね」

この時、男性は部屋の机の上に昼間、七嶽神社の神主に

貰った大麻を置いていたという。

やがて朝が来て、朝食の時にこの話をしたところ、男性の祖父は「それはダッガコドンだ」と答えた。

正体を聞いてはならぬ

ダッガコドンは男性の実家のある地方に伝わる妖怪で、部落内の子どもたちで遊んでいると、いつの間にか一人、見知らぬ子どもが交じっているものだという。

もしダッガコドンが現れた場合、絶対にその正体を聞いてはならず、すぐに解散して各自家に戻らなければならない。もし正体を聞くようなことをしたら、殺される、ずっと遊んで家に帰してくれない、連れ去られるなどと伝わっているようだ。

これを聞いた男性の祖父はこう答えた。

「何の一人って事があるか。あれは死んだ子どもの数だけ居るんだ」

ダッカコドンは誰の子だ

話の中で七嶽神社と出てくることや、九州の方言が使われていることから、恐らくダッガコドンが伝わっているのは長崎県かと思われる。ダッガコドンという名前自体、「誰の子ども」という意味の方言ではないかと推測される。

遊んでいる子どもたちの中にいつの間にか見知らぬ子どもが紛れ込んでいるという話は佐々木喜善《ささきぜん》著『奥州のザシキワラシの話』に座敷《ざしき》わらしの話として載せられており、柳田國男《やなぎだくにお》著『妖怪談義』にも子どもたちと一緒に遊ぶ座敷わらしの話が載せられている。また座敷わらしも死んだ子どもがなるもの、という話もあるため、ダッガコドンも類似した妖怪と考えられる。座敷わらしは家の盛衰に関わるとされる場合が多いが、座敷わらしを広く紹介した柳田國男や佐々木喜善はただ出現する子どもの姿をした妖怪や、人に害を与える子どもの妖怪も座敷わらしの一種として扱っている。この話が創作ではなく、実際にダッカコドンの伝承が長崎県に残っているのだとすれば、座敷わらしの系統の妖怪のひとつなのだと考えられる。

035

ミッチェル嬢

山道に現れる怪女

ミッチェル嬢の伝承

二〇〇六年一一月に刊行された不思議な世界を考える会編『怪異百物語8』に、ミッチェル嬢なる山の怪物が掲載された。

ある二人の人間が旅の途中、山道に迷って小さな山小屋を訪れたところ、そこに住んでいた老婆《ろうば》が道を教えてくれた。しかしそれとともに「こんな夜にはミッチェル嬢が出るかもしれないから、もし遭遇《そうぐう》しても声を上げたり慌てて逃げたりしてはいけない。とにかく無視することだ」と忠告された。

二人は礼を言い、老婆に教えられた道を歩き始めるが、しばらく行くと後ろから誰かがついて来ている気配がした。しかし振り返っても誰もいない。

気のせいかと前を向いたところ、先ほどまでいなかったレースの白いスカートに青い水玉のブラウスを着た、頭が握りこぶし程の大きさしかない髪の長い女が立っていた。

これを見た瞬間、一人はその場で腰を抜かしてしまったが、もう一人は悲鳴を上げて逃げ出した。ミッチェル嬢と思《おぼ》しき化け物はその逃げ出した方を見て、笑い声を上げながら物凄《ものすご》いスピードで追いかけて行った。

やがて夜が明け、腰を抜かした方の旅人は何とか山を下

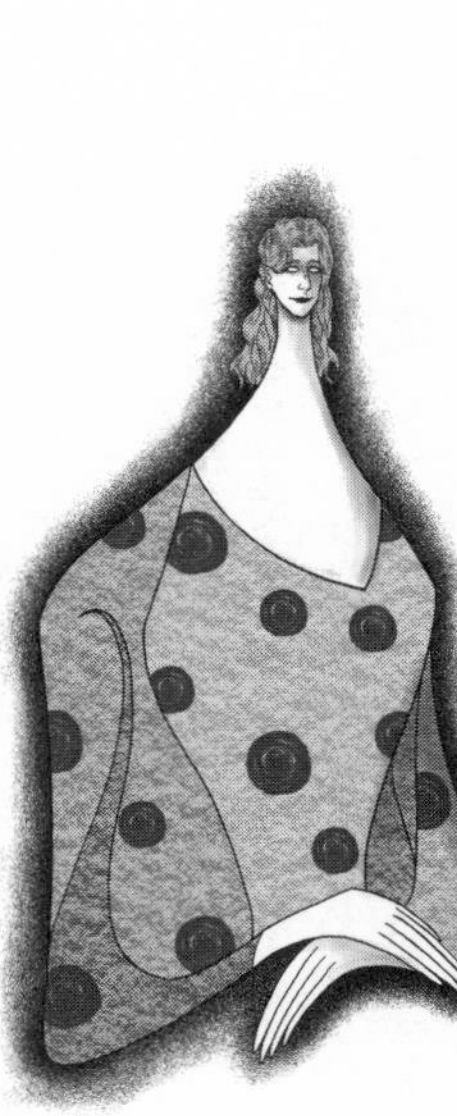

りて町に辿り着いたが、ミッチェル嬢が追いかけて行った方は今でも発見されていないという。

頭が異様に小さな存在

背中を見せて逃げる人間を追いかけるという習性は野生の熊《くま》のようだが、ミッチェル嬢に捕まった後食われるのかどうかは定かではない。

ミッチェルは英語圏の姓。名として使われることもあるが、その場合は男性名であるため、恐らく姓だろう。その正体については全く不明だが、服装や名前の嬢とつくことから性別は女性かと思われる。

最も特徴的《とくちょうてき》なのはその頭のサイズだ。キャラクターをかわいらしくデフォルメする際には頭を大きく描く傾向にある。これは人間を含め動物の赤子の多くが体に対する頭の大きさの割合が大きいことにより、そういったものを見ると好ましい感情が生じることに由来するようだが、ミッチェル嬢の姿はその逆の形状をしている。悲鳴を上げた人間を襲っているところを見るに、あえてそのような姿をしているのかもしれない。

ミッチェル嬢とは

目的も正体もよく分からない化け物であるが、地元の老婆の反応から見るに、古くからその存在は伝わっていたようだ。

かつてその辺りに住んでいた外国人の少女が頭をつぶされるなど、頭部に何らかの損傷を負う事故によって亡くなったものが怪異と化したのだろうか。

もしかしたら、元々その地域には頭の小さな化け物が棲《す》み付いていたが、いつしか洋装をするようになり、その見た目から誰かがミッチェル嬢と呼び始めたのかもしれない。

036

空亡

二一世紀に生まれた最強の妖怪

元は妖怪絵巻の火の玉

二〇〇六年頃、インターネット上で最強と評される妖怪が語られるようになった。その名を「空亡」という。

それによれば、空亡は魑魅魍魎《ちみもうりょう》の王などと評され、百鬼夜行の最後に現れ、それら全てを呑み尽くし、押し潰すという。その姿は黒い太陽のようであるとされるが、正体不明の存在であるという。一説には天照大神《あまてらすおおみかみ》と戦い、その分《わけ》霊《みたま》共々打ち砕いたという。

空亡の元になったのは京都府京都市の大徳寺《だいとくじ》の塔頭《たっちゅう》である真珠庵《しんじゅあん》に所蔵される『百鬼夜行絵巻』において、最後尾に描かれている火の玉である。

小松和彦《こまつかずひこ》著『百鬼夜行絵巻の謎』等によれば、これは妖怪ではなく朝になって昇ってきた太陽、もしくは尊勝陀羅《そんしょうだら》尼《に》の火の玉という説がある。絵巻ではこれを見た化け物たちが逃げ惑う姿が描かれている。

ゲームで生まれ変わる空亡

この火の玉には元来名前がなかった。しかし二〇〇二年に発売されたカード『荒俣宏《あらまたひろし》の奇想秘物館 陰陽妖怪絵札』においてこの火の玉に「空亡《くうぼう》」という名前が付けられた。ここにおける説明は「太陽は、夜の

闇を切り裂いて夜明けをもたらすとき、空亡という『一日の暦の切れ目』をついて、夜の中に割りこんでいく」と記され、その後に「六曜（大安、友引など、古い日にちのまとまり。今の一週間に近い。六日で一単位になる）と六曜のあいだにも生じる。六曜のはざまにできる空亡を仏滅という」と陰陽道の用語としての説明が続く。この時点で妖怪として扱われていなかったことが分かる。

次に変化が訪れるのは二〇〇六年四月にカプコンから発売されたアクションゲーム『大神《おおかみ》』においてで、このゲームの最後の敵として「常闇ノ《とこやみの》皇《すめらぎ》」という球体の物体が描かれたが、当ゲームの設定資料集であり、同年九月に発売された『大神繪草子 絆 大神設定画集』において、先の『陰陽妖怪絵札』と『百鬼夜行絵巻』を元に、絵巻で最後に登場し、全ての妖怪を踏み潰す最強の妖怪「空亡」という解説がされたことにより、絵巻の火の玉が妖怪と見なされるようになる。

ネット上での広まり

その後、インターネット上で「空亡」が広まり始める。在野の妖怪収集家、御田鍬:氏のホームページ「うしみつのかね」によれば、二〇〇六年一二月一〇日、インターネット掲示板「ふたばちゃんねる」内「僕の考えたオリジナルキャラを描いてもらうスレ」にて「空亡《そらなき》」という名のキャラクターが投下され、この世ともあの世ともつかない暗き世に生まれた妖怪で、闇から邪《よこしま》なものたちを生み出した。もし空亡が地上に現れれば世界は闇に覆われ終わりを告げる、といった設定が加えられた。

これ以降、この話を元に様々な場所で空亡の名前が語られるようになり、またその読み方も「くうぼう」から「そらなき」が一般的になったという。

このように空亡は紆余《うよ》曲折を経て二一世紀に生まれた妖怪となった。ある意味、情報伝達手段が多様化・高速化した現代だからこそ生まれた妖怪と言えるかもしれない。

037

ヤマノケ

女に取り憑く山の怪

山奥で遭遇したもの

2ちゃんねるオカルト板に立てられた「死ぬ程洒落にならない怖い話を集めてみない？ 157-1」スレッドにて、二〇〇七年二月五日、不気味な怪物についての話が書き込まれた。

ある男性が娘とともにドライブに行き、帰りに山道を通っていた時のこと。舗装《ほそう》もされていない山奥で突然エンジンが止まってしまう。携帯の電波もつながらないため、その日は車中泊し、翌日徒歩で助けを求めに行くことになった。

そのうち夜になり、娘が寝息を立て始めた頃、外から「テン……ソウ……メッ……」と繰り返す声が近づいてきた。そこで車外を見ると、白く、頭のない、足が一本の何かが両手を滅茶苦茶に振り回しながら向かってきている。

その化け物は車の横を通り過ぎていくように見えたが、娘の方を見ると助手席の窓の外から娘を見つめるその化け物がいた。改めて見ると、その化け物には頭がないのではなく顔が胸のあたりについている。

化け物がにたにたと笑っていたため、思わず「この野郎！」と叫ぶと、娘が跳び起きた。直後、娘は「はいれたはいれたはいれたはいれた」とぶつぶつ呟《つぶや》き始めた。

これを見た男性がダメ元でエンジンをかけるとかかったため、車を走らせた。しかし、その間にも娘の呟く声は「テン……ソウ……メッ……」に変わっており、顔まで変化しているようだった。

その名はヤマノケ　男性は目についた寺に駆《か》け込み、娘を見せると、住職が「何をやった！」と怒鳴ったため、事情を話した。

するとと住職は残念そうな顔をし、お経を上げて娘の肩と背を叩いた。

それから話を聞くと、娘は「ヤマノケ」なるものに憑《つ》かれたという。住職は四九日経ってもこの状態が続くなら、一生正気に戻ることはない。そうならないために娘を預かり、何とかヤマノケを追い出す努力をすると話した。

また、ヤマノケは女に憑くため、家に帰れば妻にも憑いていただろうと語った。

それから一週間、男性は娘の様子を見に行っているが、にたにたと笑みを浮かべ、何とも言えない目つきで男性を見ていて、もう娘ではなくなってしまったようだと語られている。

山の怪たち　同スレッドでは、場所は宮城県と山形県の県境であると語られている。また住職の話によれば、ヤマノケは山の霊的な「悪意の総称」であり、山に現れた化け物も、化け物に憑かれた状態もヤマノケと呼び、「魑魅《ちみ》」ともいう。女にだけ憑くのは山であるためだと教えられたという。

魑魅は山の怪の総称として使われる言葉であるため、スレッド内でも考察されているが、「ヤマノケ」は「山の怪」「山の化」と書くのだろう。

山の妖怪が一本足であるという話は各地に見られるが、胴体に顔があるという話はない。中国神話に登場する「刑天」を始め、世界中には胴に顔がある怪物が伝わっているが、足は一本ではないし山の妖怪でもない。

また女性にのみ取り憑き、乗っ取るというような話もないため、ヤマノケは対処法不明の恐ろしい化け物であるようだ。

038

裏S区の悪霊

その名を口にしてはならない

それは神か、悪霊か

電子掲示板2ちゃんねるのオカルト板に立てられた「死ぬ程洒落にならない怖い話をあつめてみない？160」にて、二〇〇七年三月一四日に、ある特定の地域に纏《まつ》わるひとつの話が書き込まれた。

それは九州地方にある差別を受けていた地域に伝わる存在の話で、神とも悪霊とも表現される。

この悪霊は元々人間の死者の霊だが、何らかの条件でこのような存在になってしまうという。ある人物がこれを見てしまった時、その姿は体が真ん中から左右に真っ二つになった血だらけの人間の片側、というように見え、小刻みに震えながら笑うという。またこれ以外にも様々な姿で目撃されているようだ。

この悪霊は裏S区と呼ばれる地域に住む人間を狙い、これに憑《つ》かれた人間は怪異から逃げ惑う過程で自殺するなどにより高確率で命を落とす。またその名前を口にすると取り憑かれるため、決して口外してはいけないとされる。

笑う風習

またこの悪霊のために死んだ者の側に生前の写真を置くと写真に写った顔が歪《ゆが》むといった怪奇現象が起きるため、棺桶《かんおけ》にその人間の名前を書いた紙をいくつも張り付

けたり、葬式の間、参列した人々は笑い続けるといった奇妙な風習が残る。

　この怪異は笑う人間を嫌うため、逃れるためには笑うことが最も有効とされる。そのため裏S区ではどんな状況にあってもこの怪異が現れた際には笑わなければならないと伝えられているから、葬式でも笑うのだという。

　このことから、取り憑いた人間から悪霊を追い出す際には笑いながらお経を唱え、殴るという方法を取る。

　また、この怪異によって死んだ人間の家の前を通る時には笑いながら通り過ぎる必要が生じる。

　この笑うという行為は悪霊に対し、お前なぞ怖くない、という意思表示をするために必要なのだという。

　非常に厄介な存在であるため、裏S区ではこの存在が酷く恐れられている。またこの地区に住む特定の家系の人間にだけは常時その姿が見えるのだという。


魔物の通り道　悪霊の名前は怪談中では示されていないが、全部で四文字で、前二文字は「バラ」であるとされる。

　またこの怪異が出現する地域は、霊の通り道である「ナメ〇〇〇」と呼ばれていると語られている。

　岡山県には「ナメラスジ」と呼ばれる魔物の通り道を指す言葉がある。他にも近畿地方や四国・中国地方には縄筋、ナマメスジといった忌《い》むべき道を表す名前がある。これらの道の上に家を建てると災難があるとされたり、集落を作ってはならないなどと伝えられていたりする。裏S区もそのような道の上に作られてしまった集落ゆえに、様々な怪異が起こるのかもしれない。

039

命を削る人形

所持した者に命はない

持つと手放せなくなる人形

二〇〇七年四月一七日、2ちゃんねるのお人形板に立てられた「人形の怖い話ありませんか？(ΦДΦ)＜七巻目」スレッドにて語られた奇妙な人形の話。

それは高価なビスクドールで、ある家系に数世代前から相続されてきたものであったが、その持ち主になると人形に異様に執着するようになり、寝食を惜しんで人形を構い続けるようになった末、衰弱したり体に異常をきたしたりして、最後には死んでしまうという。その外見は五〇から六〇センチほどの背丈の美しいビスクドールだが、少なくとも二人の人間を死に追いやったことが語られている。そして現在はビスクドールを集めている親戚の女性の手に渡っていることも語られた。

その後、約一年後の二〇〇八年四月一九日、「人形の怖い話ありませんか？(ΦДΦ)＜十一巻目」スレッドにてその人形の持ち主が人形とともにイギリスに行き、そこで死にかけた話が投稿される。

さらに「人形の怖い話ありませんか？(ΦДΦ)＜十二巻目」では人形の持ち主が他の人形を落として壊してしまい、体の異常を感じて検査を受けたところ、病気が発覚したことが語られる。

呪いの解決 そして二〇一〇年一月二九日、「人形の怖い話ありませんか？（ΦДΦ）＜十五巻目」にて人形の呪いは一応の解決を見たことが報告された。それによれば、インフルエンザを患《わずら》っていた人形の持ち主が寝込んでいた時、唐突にあのビスクドールを着替えさせねばならないという衝動に駆《か》られ、寝室から人形の部屋まで這《は》うように移動。そして他のビスクドールと一緒に飾っていたキャビネットを開こうとした瞬間、キャビネットが倒れかかってきた。その際、命を削る人形が抱き着くような形で落下してきたが、直後に気を失った。

気が付くとその女性は夫に介抱されており、救急車で病院に搬送された後、二日で退院。帰宅すると、キャビネットの扉のガラス片の真ん中に頭のない命を削る人形が座っており、それに覆いかぶさるように女性が最初に買った、お気に入りのビスクドールが頭と胴体が破損した状態で載っていたという。

女性は最初に買ったビスクドールが身を挺《てい》して自分を助けてくれたのだと考えた。

そして壊れてしまった二つの人形は焼かれ、灰にされて骨壺《こつつぼ》に収められ、女性が亡くなった後に同じ墓に入れられることとなったという。

世界の呪いの人形 持ち主を変えながら長きにわたって災厄や怪異を起こす人形の話は海外に多く、映画化もされた「アナベル人形」（アメリカ）、写真を撮ると呪われる「ロバート人形」（アメリカ）、戦時中に作られた腹話術人形「ミスター・フリッツ」（イギリス）などがある。この命を削る人形もビスクドールであるということから、元は海外にあったものが日本に渡ってきたのかもしれない。

040

ひとりかくれんぼ

何者かを呼ぶ一人遊び

ひとりかくれんぼの方法　二〇〇七年四月一八日、2ちゃんねるに立てられたスレッド「【降霊】検証実況スレ本館【交霊】」にて「ひとりかくれんぼ」なる遊びが紹介され、その方法が語られた。

　それによれば、まず名前を付けたぬいぐるみ（足と手があるもの）を用意し、綿などの詰め物を全て取り出し、代わりに米と自分の爪を入れ、再び縫《ぬ》い合わせる。その際余った糸はある程度ぬいぐるみに巻きつけてから結ぶ。そしてあらかじめ隠れ場所を決めておき、そこにコップなどの容器に入れた塩水を用意しておく。

　それから午前三時になったら以下の通り行動する。ぬいぐるみに対して「最初の鬼は（自分の名前）だから」と三回言い、浴室に行き、水を張った風呂《ふろ》桶《おけ》、または浴槽《よくそう》にぬいぐるみを入れる。次に家中の明かりを消してテレビのみ電源を入れ、目を瞑《つむ》って一〇秒数えてから包丁等の刃物を持って風呂場に行き、「（ぬいぐるみの名前）見つけた」と言って刺す。そして「次は（ぬいぐるみの名前）が鬼」と言い、自分は塩水のある隠れ場所に隠れる。この場合は塩水を隠れ場所に準備するのではなく、ぬいぐるみを刺した直後に塩水を手に持って隠れ場所に赴《おもむ》くとされることもある。

その後、塩水を口に含み、ぬいぐるみを捜し出して残りの塩水、口に含んだ塩水を順にかけ、「私の勝ち」と三回宣言することで終了となる。一度始めた場合、必ず二時間以内にこの工程を経て終了しなければならなず、使用したぬいぐるみは燃やして処分しなければならないという。

発生する怪現象

同スレッドではひとりかくれんぼ（「一人り隠れんぼ」と表記）の名前が出たのが四月一八日で、やり方の詳細が書き込まれたのは同月二一日である。

このスレッドで紹介されて以来、ひとりかくれんぼを行う様子を実況することが流行し、電子掲示板や動画投稿サイトにて様々な体験が投稿され、その際にはポルターガイスト現象が起きた、誰かの声が聞こえた、人形が勝手に移動していた、などの現象が起きたという。

自分を呪わば穴ひとつ

小松和彦《こまつかずひこ》著『日本の呪い』によれば、中国からもたらされた人形を使った呪詛《じゅそ》の方法に「厭魅《えんみ》」がある。これは有名な藁人形《わらにんぎょう》を使った呪いの起源となるもので、人形を憎い相手に見立てて釘《くぎ》を打ったり、針を刺したりすることで呪いをかける。特にその対象となる相手の髪や爪など、人体の一部があるとより効果を増すとされる。

ひとりかくれんぼの場合、自分の爪の一部をぬいぐるみに入れ、包丁で突き刺すという行為をする。つまり自分で自分を呪う行為をさせられる、人を呪わば穴二つどころか、自分に対し特大の穴をひとつ空けるのがこの遊びなのではないだろうか。

この先

No. 021 | 040

041

幽霊だけど何か質問ある？

インターネットの交霊会

死者の立てたスレッド

二〇〇七年六月八日、2ちゃんねるニュー速VIPにおいて死者を名乗る者がスレッドを立てた。それが「幽霊だけど何か質問ある？」というスレッドだ。

このスレッドを立てた幽霊は生前「タクジ」という名前だったといい、スレッドに書き込んできた人々の質問に対し、様々に答えた。それによれば、死因は事故で、現在は質量のない状態になっており、宙に浮いている。物に触れることはできるが、動かしたり、持ち上げたりすることはできない。扉などは脱力しながら通ろうとするとすり抜けることができる。

恐らくガスなどの気体に近い状態なのではないかと本人は考えているが、他人の目には見えない。自分の目に見える体は五体満足で傷もなくなっている。また服装は火葬の際に着せられたスーツを着ている。

インターネットにはパソコンや携帯電話を介さず、直接文章をねじ込むような感覚で投稿している。また何かを見たい時は、集中するとはっきり見えるが、集中力が途切れるとぼんやりしてくる。景色は割とはっきりと見えるが、人間は影の塊《かたまり》のように見え、またインターネットについては生前よく見ていたサイトは意識すると見えると語った。

語られた死後の様子　死の瞬間は痛かった記憶はなく、ぼんやりと意識が途切れ途切れになっており、気が付くとぽっかりと浮かんでおり、自分の亡骸《なきがら》の様子を見ていた。また光の強さなどを感じることもできる。このように視覚はまだ生前に近い感覚が残っているが、嗅覚は失っているらしく、匂いは感じない。暑さや寒さも感じないが、空気の質感の違いは分かる。聴覚も残っているが、味覚はそもそも食べ物を食べる機会が失われているため、確認できない。また性欲はなく、排せつもしない。また他の幽霊らしきものも見えるが、交流は持てない。電子掲示板への書き込みが、死後に初めてできた他者との交流だったという。

そして最後に「タクジ」は皆に対し、「少しでも交流出来て嬉しかった。ここが、ずっとこんな場所であってくれたらと思う。本当に楽しかった」と書き残し、去って行った。

死者と生者の交流　実は既にこの幽霊はネタであったことが分かっており、ソフトバンクからの書き込みであったという。生きた人間が幽霊になりきって電子掲示板でやり取りをしていたものと考えられる。

ただスレッドの雰囲気はどこか不思議で面白いので、興味のある方は一度通して読んでみてほしい。

また、死者と交流して死後の世界の様子を聞く、ということ自体は古くから行われており、特に近代に始まった心霊主義と呼ばれる信仰においては、霊媒《れいばい》を介するなどして死者を招き、コミュニケーションを図る交霊会が行われた記録がいくつも残されており、現在も開催されている。

042

ましこさん

子どもたちと遊ぶ優しいおばけ

生まれる前の記憶　電子掲示板2ちゃんねるの育児板に立てられた「【誰と】霊感？乳幼児の不思議発言【話してるの？】」スレッドにて、生まれる前の赤子が出会ったという不思議な存在が語られた。

それによれば、ある子どもが三歳ぐらいまで、生まれてくる前に「ましこさん」という長い黒髪の女の人と遊んでいたと話したという。

また同スレッドには、別の女の子が三歳ぐらいまで「ましかさん」という女の人と遊んでいた、と語っていたことが書き込まれている。このましかさんは髪が長くてきれいな人だったとされる。

胎内記憶と前世の記憶　子どもが生まれる前の記憶は胎内記憶と呼ばれ、本来はその名の通り母親の胎内にいる際の記憶を指すが、現在ではそれよりさらに遡《さかのぼ》り、胎内にまだ生じていない時点の記憶を指す言葉としても使われるようになってきている。

この際に不思議な体験をしたという話は多く、神様に出会い、母親の下に行くように言われたり、空から下を眺めていて、自分で母親を選んだ、といったものがある。

こういった話は現代に限って語られるわけではなく、過去の記録にも見られる。日本に限らず、仏教など生命が転生を繰り返すと語られる世界観を持つ宗教や文化のある国では、前世の記憶という形で自分が現在の生を受ける前の記憶を語る事例が数多く存在する。

特に前の人間から次の人間へ転生する間の状態、肉体的な生死の中間にある状態のことを語った記録もある。これは小谷田勝五郎《こやたかつごろう》という人物が少年時代、転生の経過を語った話を記録した平田篤胤《ひらたあつたね》の『勝五郎再生記聞』が有名だろう。

この勝五郎が語った話によれば、勝五郎は前世で死んだ後、魂が抜けて、そこで仙人のような黒い着物を着た翁《おきな》と出会い、あの世で暮らした後、家を指定されて次に母親になる女性の中に入り、生まれ変わったのだという。

生とも死とも言えない世界

このように、生まれる前に不思議な存在と出会った、という話は古くから存在している。ましこさん、ましかさんの場合、子どもが偶然同じようなテレビや絵本を見て、そこで描写された話を自分の体験談と混同し、語ったために類似した話が別の子どもから発せられた、という可能性ももちろんある。そのキャラクターの名前が「ましこさん」もしくは「ましかさん」に近かったため、別々の子どもが同じような特徴《とくちょう》を持つ類似した名前の女性のことを話した、ということだ。

しかし、もし生まれる前の、生とも死とも言えない世界で、子どもたちを世話し、遊んでくれる不思議な女性がいたら。

そんな可能性を考えてみるのもまた楽しいと思うのだ。

043 ヒップホップババア

本物のヒップホップが、ここにあるのだ

壁に埋められた婆さん

そのババアは、二一世紀になってネット上に現れた。

長年連れ添った仲の良い老夫婦がおり、片方が先に死んだら、寂しくないように壁に埋《う》めようと約束しており、婆さんが先に死んだため、爺さんはその通りにした。すると壁から「じいさん」と呼ぶ声が聞こえるようになり、その度に爺さんは「ここにいるよ」と答えていた。

ある時どうしても外に出なければならない用事があり、爺さんは村の若い男に留守を頼んだ。男は壁から聞こえる婆さんの声に答えていたが、何度も続くため、ついに爺さんはいないと答えてしまった。直後、壁から鬼の形相《ぎょうそう》をした婆さんが現れ、「じいさんはどこだあ！」と叫んだ。

ストリート生まれのヒップホップ育ちであった婆さん

すると突然、スポットライトが飛び出し、婆さんを映し出した。その横でいつの間にか爺さんもターンテーブルをいじっている。

実はストリート生まれのヒップホップ育ちであった婆さんは、見事なラップを披露し始める。

「ここでＴＯＵＪＯ！　わしがＯＮＲＹＯ！　鬼のＧＹＯＵＳＯ！　ばあさんＳＡＮＪＹＯ！　違法なＭＡＩＳＯ！

じいさんＴＯＵＳＯ！　壁からわしが呼ぶＧＥＮＣＨＯ！　年金減少！　医療費上昇！　ボケてて大変！　食事の時間！　冷たい世間を生き抜き！　パークゴルフで息抜き！　どこだＪＩ－Ｉ－ＳＡ－Ｎ老人ＭＯＮＤＡＩ！　そんな毎日リアルなＳＯＮＺＡＩ！　ＳＡＹ　ＨＯ！」

そう、この婆さんは本物のヒップホップがここにあることを教えてくれるのだ。

元ネタがあった婆さん

現在流布《るふ》しているのは、二〇〇七年八月三日に2ちゃんねるの「ニュース速報（ＶＩＰ）板」に書き込まれたものが多い。

前半と後半の温度差が凄《すさ》まじい話であるが、実はどちらも元ネタと思《おぼ》しきものが存在する。

前半は広島県で採取された「爺さん、おるかい」という話だ。若杉慧《わかすぎけい》・村岡浅夫《むらおかあさお》著『広島の伝説』を読んでみると、妻に先立たれた老爺《ろうや》が妻の遺言通り彼女の亡骸《なきがら》を押し入れに入れる。すると押し入れから「爺さん、おるかい？」という声が聞こえるようになり、老人は恐怖のあまり逃げ出すが、死んでしまう。しかし死後の世界で閻魔《えんま》様にまだ余命が一〇年あることを知らされ、前歯三本を抜いてそれを使って作った代わりの人形を妻に与えることで現世に戻り、残りの一〇年を生きることができた。そして天寿を全うした老人は、死後妻と再会したという。

この話は『まんが日本昔ばなし』でも映像化され、全国で放映されているため、これが元になった可能性が高い。

後半のラップ部分は2ちゃんねるに書き込まれた話に元ネタがあり、夢の中で株主の前で発表をしろと言われた新入社員の書き込み主が困惑していると、突然社長が登場し、ラップを披露する、という内容になっている。その内容がヒップホップババアの披露するラップと酷似しているが、「社長のラップ」等の名称で知られるこちらのコピペは二〇〇四年頃には既に書き込まれていることが確認できるため、恐らくババアのラップはこれを参考にしたものと思われる。

このように、元となった話が存在すると思しきヒップホップババアだが、全く違うそれぞれの話が組み合わさったことでとんでもない怪作が生まれたのだ。

044

ごみこさん

捨てられた女の復讐

ごみこさんの怪談

二〇〇〇年代中頃、ごみこさんと呼ばれる女の怪人についての情報がネット上に書き込まれた。

ごみこさんはN県のある山中にて深夜に出現し、出会った人間に対し、「あたしを捨てたなぁ!!」と叫び声を上げ、体を八つ裂きにする。そしてゴミ袋に詰めて捨ててしまうのだという。

この話を追ってみると、二〇〇七年八月六日にWEBサイト『都市伝説広場』の掲示板に投稿されたものが確認できる。現在流布《るふ》しているごみこさんの情報は基本的にここに記されているものと同じため、これが発端となった可能性が高い。またN県に該当するのは奈良、長野、長崎、新潟の四県だが、いずれの県かを特定できる情報はない。

「あたしを捨てたなぁ!!」という言葉は恋人関係を解消された、という意味合いと、そのまま物理的に捨てられた、という意味合いのどちらとも取れるが、その後遭遇《そうぐう》した人間を殺害し、ゴミ袋に詰めて捨てる、という行動を取る様子を見るに、後者の可能性が高いように思われる。

『呪怨』とゴミ袋

女が殺されてゴミ袋に入れられて捨てられる、という場面は清水崇《しみずたかし》氏が監督したオリジナルビデオ版の『呪怨』にある。『呪怨』シリーズを通して怨霊《おんりょう》として活躍する伽椰子《かやこ》はこの時点で存在しているが、この作品ではその死が描かれる。

夫から浮気を疑われた伽椰子は、夫にカッターナイフで体をずたずたに切り裂かれ、ゴミ袋に入れて天井裏に放置された状態で見つかる。このため、ゴミ袋に包まれた状態で階段を這《は》いながら下りてくるシーンがある。

また、その後には路傍《ろぼう》のゴミ袋から伽椰子の腕が出現して夫を殺害するシーンが描写されている。

オリジナルビデオ版『呪怨』の公開が一九九九年であるため、これがごみこさんに影響を与えたことも考えられる。

バラバラ殺人事件の影響

また体を八つ裂きにする、という部分はバラバラ殺人を思い起こさせる。遺体を切断し、ゴミ袋に入れてゴミ箱に捨てた事件として、一九九四年に発生した「井の頭《いのかしら》公園バラバラ殺人事件」がある。この事件では公園内の計七ヵ所のゴミ箱から二四〜二七（資料によって異なる）個に切断された遺体が見つかったという。

さらにこの事件が起きる直前には、大阪府の箕面《みのお》の山中で女性がバラバラ殺人の被害者となった「大阪連続バラバラ殺人事件」が起きている。この事件は一九八五年まで遡《さかのぼ》り、一九九四年までの九年間で四人の女性と一人の少女が殺害され、うち少女以外は遺体を切断されていたことが判明している。

これらを考えるに、ごみこさんは『呪怨』といったホラー映画や、現実のバラバラ殺人事件などが曖昧《あいまい》に合体し、生まれた可能性があるかもしれない。

045

寺生まれのTさん

その男、寺生まれ

怪異を打ち消す「破ぁ——」の声

その男は二〇〇七年九月九日、2ちゃんねるニュース速報（VIP）板の「怖いと見せかけて笑える話」スレッドに現れた。

　ある男性が原付で買い物に出かけた際、真っ赤なワンピースを着た綺麗な女性を目撃し、直後に事故に遭《あ》う。その後も友人が同じ場所で事故に遭って死亡したが、意識を失う直前、赤いワンピースの女性を見た、と言っていたことが分かる。

　あの赤いワンピースの女は死神なのではないかと考えた男性は、アルバイト先の先輩で、実家が寺のTさんという人物にその話をしたところ、最初は素っ気なく対応していたTさんだったが、その地点に来た瞬間「あの女か！」と叫んだ。

　見ると赤いワンピースの女がいたため、「そうです！」と男性が答えると、Tさんは「そうじゃない！　あっちのことだ！」と言い、正面を指さした。

　そこには顔が半分抉《えぐ》れた女が対向車線を走るトラックの車体に飛び乗っているところだった。

　Tさんは車窓から上半身を乗り出し、狙いを定めて「破ぁーー!!」と叫んだ。するとTさんの両手から青白い光弾

が飛び出し、女の霊を吹き飛ばしてしまった。

男性はTさんに対し、寺生まれってすごい、そう思ったという。

広がる寺生まれの話

このスレッドでは最初の話を含め、Tさんの話が五連続で投稿されている。

寺生まれのTさんはこれ以降も様々な話の中に現れている。それはオリジナルのこともあれば、八尺様やくねくね、ヤマノケといった既存の怪談に登場し、戦う話もある。また場合によっては幽霊どころか普通の犯罪者と戦うこともあり、その場合も何とかしてくれる。

大抵の場合は苦戦もせずに「破ぁ！」の叫びとともに青白い光弾を放ち、一撃で葬り去る。

また「破ぁ！」は応用が利くらしく、夜釣りの際に現れた悪霊を消滅させる際には釣り竿の糸を光らせ、薙ぎ払って悪霊たちを引き裂いたり、現実で渡したお守りが夢の中で「破ぁ！」の声とともに光を発し、鋸《のこぎり》を持った男の半身を消し飛ばしたりする。

また、ネット上であろうと外国であろうと誰かの危機に颯爽《さっそう》と駆《か》け付けてくれる。ただし英語は話せないらしい。

他に特徴《とくちょう》としてはよく「そこまでだ」の言葉とともに登場する。また「〜かい、この小悪党め！」が口癖なのか頻《ひん》繁《ぱん》に言う。

寺生まれはどこ生まれ

オンライン百科事典の「ニコニコ大百科」では二〇一二年一〇月二七日に「寺生まれのTさん」の作者を名乗る人物の書き込みがあり、それによれば最初に作ったのは「夜釣り」と呼ばれる話で、これに加えて「赤いワンピースの女」「海水浴」「悪夢」と呼ばれる話を投稿したという。また投稿したのは2ちゃんねるではなくあるブログのコメント欄であったという。現在これが事実であるか確かめる方法はないが、事実であればTさんの初出はさらに遡《さかのぼ》ることとなる。

そして今もTさんは活躍し続け、現在では一〇〇を超える物語が生まれている。やはり寺生まれはすごい、そう思わざるを得ないのだ。

046

転んだら死んでしまう村

夢の死は現実に

誰もが見る夢

この世には、誰もが一生に一度は見る共通夢と呼ばれる夢がある。その夢に出てくるのが「転んだら死んでしまう村」だという。そして、この夢は普通の夢と違い、多くの人が見たことをはっきりと覚えていて、多くの人々の間で共通の証言が確認されているという。

その夢に出てくる村は夕暮れ時の農村といった景色をしており、そこら中に青紫に変色した死体が横たわっている。しばらくすると着物を着た数人の少女が近寄ってきて、「ここは転んだら死んでしまう村なんだよ」と説明される。

その後、少女の一人が死体につまずいて転んでしまうが、その直後、絶叫しながら見る見る青紫に変色し、やがてぴくりとも動かなくなる。

ここから先は夢を見た人の証言によって違いがあり、「追いかけてくる少女たちからひたすら逃げ回った」「少女に竹馬を渡された」「何事もなく目が覚めた」など様々だという。

しかし不思議なことに「夢の中で転んでしまった人」からの証言はひとつもないとされる。

転んだら死んでしまう坂

少なくとも二〇〇七年頃にはネット上で語られていたようだが、広まり始めたのは2ちゃんねるの「じわじわ来る怖い話22じわ目」にて紹介された二〇〇九年九月二二日以降だと思われる。

夢の中で転んでしまった場合、現実でも死体として発見されるものと考えられる。

転んだら死ぬ、という話は三年坂の話が有名だろう。京都府京都市の清水寺《きよみずでら》に繋《つな》がる産寧坂《さんねいざか》は三年坂の名前でも知られ、この坂で転ぶと三年以内に死亡する、という話が残る。この話は一六〇〇年代後半には『洛陽名所集』、『出来斎京土産』などの文献に記録が残っており、江戸時代には伝わっていたことが分かる。

このような坂は東京都、和歌山県、熊本県など日本全国にあり、同様に「三年坂」と呼ばれていることが多い。

しかしこの話は転んだら死ぬという条件は同じであるものの、三年以内であるため即死するわけではないし、夢が舞台ではない。

夢に現れる怪異

共通夢という言葉も一般的には使わないが、二〇〇六年頃からインターネット上で世界中の人々の夢の中に現れる男「ディスマン」が広まった。これは後にフィクションであったことが公表されている。

また夢の中で死ぬと現実でも死ぬという話だと、日本では一九七〇年代から語られる「カシマさん」や、八〇年頃から噂《うわさ》されている「テケテケ」などが夢の中に現れて命を奪っていく怪異として語られている。またこれらは話を聞いた人間の下に現れると語られることも多く、共通して見る夢という要素を持っているとも考えられる。ネット上でも九〇年代末頃には「猿夢《さるゆめ》」という怪談で、夢での死が現実に反映されることが示唆《しさ》されている。

転んだら死んでしまう村はこうした怪異たちを組み合わせて語られたものか、それとも夢に現れる怪異の系譜として新たに生まれたものだろうか。

047

邪視

邪悪なる視線

山に現れたもの 二〇〇八年一月一七日、2ちゃんねるオカルト板の「死ぬ程洒落にならない怖い話を集めてみない？186」スレッドにて、「邪視」と呼ばれる化け物についての話が書き込まれた。

話の報告者は一四歳の頃、叔父の別荘に行った。

その日は早朝五時まで遊び、そのまま寝て昼頃に目覚めた報告者は、景色を見ようと望遠鏡で裏山を覗《のぞ》いた。

その時、彼はレンズ越しに奇妙なものを見た。それは禿《とく》頭《とう》でしきりに全身を揺らす人のようなものだったが、服を着ていなかった。もっとよく見るために望遠鏡をズームにすると、それは踊りながら彼の方に振り向いた。

しかしその顔は鼻も口もあるものの、眼が眉間の部分にひとつあるだけだった。その奇妙なものは報告者と目が合った瞬間、笑みを浮かべた。

直後、突然自分の命を絶ちたいという強い欲求が襲ってきた。叔父はそれを見て慌てて裏山を望遠鏡で覗き、同じような状態になった。

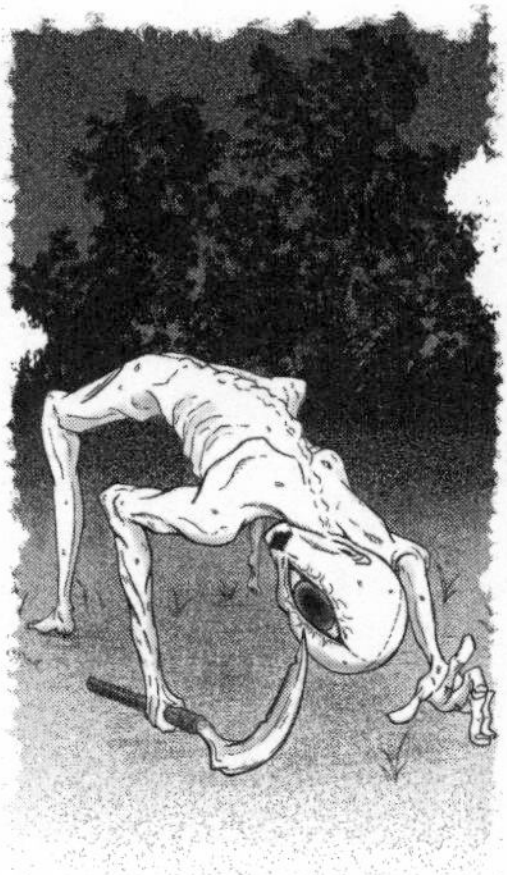

邪視を迎撃する しばらくして二人とも落ち着いたものの、化け物が二人の方に向かってくることに気づいた。叔父はあ

れは「邪視」だと言い、ペットボトルに小便を溜《た》めるよう指示した。そして邪視は目を逸らさない限りいつまでも追ってくるため、こちらから迎え撃つと告げた。

そして装備を整え、二人で裏山に入った。その際、邪視と遭遇《そうぐう》した場合には目を直視してはならないこと、小便をかけること、それでもだめなら男性器を見せることを教えられた。

やがて午後五時を過ぎ、日が落ち始めた頃、不気味な高音で民謡を歌うような声が聞こえてきた。

直後、異様に白い肌をしたあの化け物が現れた。邪視は四つん這《ば》いになって懐中電灯の明かりに入ってきて、その右手には錆《さ》びた鎌が見えた。

強烈な自死願望に襲われながら、叔父はペットボトルに入った小便を口に含み、邪視の目に吹きかけ、さらにズボンを下ろし、男性器を見せた。すると邪視は悲鳴を上げて退散したという。

邪視という概念

「邪視」は妬《ねた》みや憎しみを込めた視線が人に災いや呪いをもたらすことを指し、世界中で類似した概念がある。

この話でも叔父が仕事で北欧に行った際に出会ったという「邪視」の持ち主のことが出てきた。彼の話すところでは邪視は不浄なものを嫌うため、排泄物《はいせつぶつ》や性的なものを見せるのが有効だという。そして彼が会った邪視の持ち主も娼婦《しょうふ》小屋で自分の目をくり抜いて死んでいたのが見つかったことから、それで今回も邪視を退散させるため、不浄なものを見せたのだと語った。

実際、性器が邪視を防ぐという考え方は世界各地にある。また山の妖怪がひとつ目だという伝承は日本各地にあり、実際に山中で遭遇したという話も多い。

人を自死させる妖怪もおり、縊鬼《いき》、誘い神、首吊り狸《たぬき》などが挙げられる。

この話ではあの邪視の正体は、あのように育てられた人間なのか、元々化け物なのかは分からないと書かれている。しかし元が人間であったとしても、既に人ならざるものと化しているのではないだろうか。

048

帝国陸軍第二二六号井戸の怪物

地下の暗闇に潜む怪物たち

帝国陸軍の残した施設

二〇〇八年一月二二日、2ちゃんねるのオカルト板の「死ぬ程洒落にならない怖い話を集めてみない？186」に謎の井戸に棲《す》み付いている化け物の話が投稿された。

ある男性が某組織で大っぴらにはできないような仕事をしていた時、いつもとは明らかに違う荷物を運ばされることになった。

男性は指示に従い、首都高速中央環状線へと車を走らせ、そのトンネルの中にある合流地点で車を停めた。

そこには奥へと進むことができる道が設置されており、男性は車の荷物である恐らく中に人が入っているのであろう袋を運ぶ二人の仲間を手伝い、その道を進むことになった。

金網や鉄柵の扉の鍵を開けて歩を進めると、「無断立入厳禁防衛施設庁」と書かれた鉄扉《てっぴ》が現れた。さらに複数ある鉄扉の鍵を開けながら進むと「帝国陸軍第十三号坑道」と記された鉄扉が現れた。

その扉を開けて中に入り、一度休憩をしようとした時、二人の仲間が担いでいた袋が暴れ出し、中から小太りの人間が現れた。

男性はそれを見てしまったが、今更引き返すこともできず、さらに再び袋に詰められたそれを運ぶのを手伝わされることになる。

帝国陸軍第一二六号井戸

袋を担いだ三人はさらに奥に続く狭い道を進んで行ったところ、「帝国陸軍第一二六号井戸」と書かれた鉄扉が出現した。

扉の向こうは小中学校の教室くらいの広さの部屋で、その中央に鉄の蓋《ふた》を載せられた井戸があった。その蓋の端には天井の滑車《かっしゃ》に繋《つな》がる鎖《くさり》がついており、滑車からぶら下がっているもうひとつの鎖を引いて回すと蓋が開く仕組みとなっていた。

男性はその蓋を開くことになったが、蓋が完全に開いた時、二人の仲間があの袋を井戸に投げ込んだ。

男性は井戸の底を確認するように指示され、マグライトを片手に覗《のぞ》き込んだ。

そこにいたのは、真っ白な肌で禿頭《とくとう》、目に当たる部分に小さな穴が空いた不気味な怪物たちだった。彼らはまだ息のある人間の入った袋に次々と手を伸ばしていたという。

それから男性はこの場所で見たことを忘れろと告げられ、やがて組織から距離を置いたが、依然として怪物の正体は不明だという。

怪物の正体は

この話では、井戸に投げ込む人間は生きている状態でなければならないと語られている。最も分かりやすいストーリーとしては、地下施設は帝国陸軍が何かの実験に使っていたもので、井戸もその実験施設の一部。怪物は実験によって生まれた、生き餌《いえ》しか食べない何かなのだろう。戦時中に作られたとすれば、敵兵を襲うための兵器だったのかもしれない。そうだとすれば、相手の戦力を削ぐために生きた人間を狙う、という点で合理的だ。

目に当たる部分に穴が空いていた、という表現を見るに、長らく光の当たらない地下施設の井戸の底にいたことで、視力が退化しているのかもしれない。

そして怪物たちは未だ、暗い井戸の底で次の獲物を待っているのだろう。

049

月の宮駅

不思議な大都市に繋がる駅

摩天楼の聳える駅

二〇〇八年二月一九日、2ちゃんねるオカルト板の「【夢】子供の頃の不思議体験【現実】」スレッドに書き込まれた怪異。

ある男性が夜行列車に乗って東海道線を走っていた際、うとうととしていると電車が駅について目が覚めた。時刻は午前三時頃で、駅は名古屋駅に似ていたが、駅名は「月の宮」と記されていた。

そして、その駅の雰囲気が不思議で、薄暗く、現実のものとは思えない感じがしたという。

そしてよく見ると二メートルほどの身長で、黒くひょろひょろとした人間が複数名ホームを歩いていた。その様子は影が立体化したようだったと形容される。

そして男性の乗る電車から二人ほど降りて行ったが、その二人は普通の人間と変わりなかったという。

そのまま電車は動き出し、離れていく町並みを眺めていると、暗闇の中に東京タワーほどの大きさのビルが摩天楼《まてんろう》のように聳《そび》え立っており、幻想的な眺めであったとされる。

二度目の目撃情報

この月の宮駅は二〇〇九年一月八日、同様にオカルト板の「不可解な体験、謎な話～enigma～

Part49」スレッドでも目撃談が投稿された。こちらは東海道線を夜行列車に乗っていると、「つきのみや」と書かれた駅を通り過ぎたという。駅はかなり大きく、車窓からは大都市が見えたと語られている。

月の宮 現実とは異なる世界に電車が迷い込む話には先行してきさらぎ駅があるが、月の宮駅はそちらに比べると平和な話となっている。

また、無人駅で周囲に建造物らしきものがなく、人の姿も見当たらなかったきさらぎ駅に対し、都市部と思《おぼ》しき場所にあり、周囲に背の高い建物や東京タワーに匹敵する摩天楼が建立しており、人間かどうかは分からないものの人の姿もあったなど、正反対の駅となっている。

ただしきさらぎ駅と違い、駅に降りていないため、降りた場合どうなるかは不明。

また「月の宮」という名前について、中国の伝説では月に月宮《げっきゅう》殿《でん》と呼ばれる宮殿があると言われており、嫦娥《じょうが》という仙女が住むなどと言われる。

この月宮殿は日本にも伝わっており、能『鶴亀』や『天女』などに登場するほか、『竹取物語』に登場し、かぐや姫が帰っていく「月の都」と同じく「月の都」と呼ばれることもある。そして同じように「月宮殿」の別称として「月の宮」が使われることもある。

もしかしたら、「月の宮駅」は一時的に地球が月の世界と繋《つな》がった際に見える世界で、不思議な雰囲気の町並みや人々は、長い時を経て地球と同じように発展した月の都とそこに住む月の人々だったのかもしれない。

もちろん共通点が名前しかないため、確固たる根拠がある話ではないが、そんな可能性を考えてみるのも楽しいと思うのだ。

050

八尺様

身長二・四メートルの女

魅入られた少年

二〇〇八年八月二六日、2ちゃんねるオカルト板に立てられた「死ぬほど洒落にならない怖い話を集めてみない？196」にて、一〇年以上経った現在でも有名な「八尺様」の体験談が投稿された。

時期は春休みの頃、高校生だった報告者が祖父母の家に遊びに行った時、「ぽぽぽ……」という奇妙な声とともに、二メートル以上の背丈がある女を目撃した。彼の祖父母の話によれば、その女は「八尺様」なる化け物で、名前の通り八尺（約二・四メートル）の背丈がある。女性の姿をして頭に何か載せていること、男のような声で笑うことが共通しているが、人によってその年齢や服装は様々に見える。

八尺様は地蔵《じぞう》によって特定の区域に封じられているが、その区域内にいる人間は八尺様に魅入《みい》られることがあり、その場合数日以内に取り殺されてしまう。

八尺様から逃れるために

報告者はこれを逃《のが》れるため、祖父の連れてきた人物の指示に従い、二階のある部屋に朝まで閉じこもることになった。

祖父は報告者に対し絶対に呼びかけないこと、翌朝の午前七時になるまで部屋を出てはならないことを告げた。震えながら朝を待つ間、深夜に窓を叩く音がし、祖父の声が聞こえた。

しかし祖父が決して呼びかけないと言っていたことを思い出し、お札を握りしめて祈っていると、「ぽぽっぽ、ぽ」と八尺様の声が聞こえてきた。報告者は朝まで耐え、七時を過ぎたことを確認して部屋を出た。

それから何とかその地区を出て家に帰ることができたが、以降、報告者は祖父母の家に行くことを禁じられた。しかし一〇年が経った頃、祖母から電話があった。その内容は、彼の家につながる道の地蔵が壊されたというものだった。

もしあの「ぽぽぽ……」という声が聞こえてきたらと思うと、という言葉で話は終わる。

八尺様と山女 身長が八尺ある女の化け物だと、柳田國男《やなぎだくにお》著『山の人生』に身の丈八尺の女の遺体を熊野《くまの》の山中で見たという話が載せられている。その容貌《ようぼう》は、髪は足に届くほど長く、口は耳まで裂け、目も普通より大きかったという。この他にも山男、山女の類《たぐい》が身の丈八尺ほどあったという記述は多い。

一方、ぽぽぽという声を発する、頭に何か載せている、といった話は山女の類には見られない。男を取り殺すという話に関しては、山女と出会っただけで病気になって死んだ、笑いかけられたため笑い返したら死んだ、といった話はある。ただ子どもを積極的に狙うという話は見かけないし、八尺様は山ではなく町中に出現している。

もし八尺様の伝承が実在しているのだとしたら限られた場所に伝わっていたのだろう。ただ、現れた際に白いワンピース姿だったと語られており、『リング』シリーズの貞子《さだこ》などを始めとした近年の女性の怪異によく見られる姿を踏襲していることから、創作の可能性も高い。

Column

ネットにおける怖い話の語られる場の変遷

日本で一般家庭にパソコン及びインターネットが普及したのは九〇年代後半でした。そしてこの時代には既に怖い話がネットに溢《あふ》れていました。

まず一九九〇年代後半から二〇〇〇年代前半にかけて、怖い話が収集・公開される場として個人サイトがありました。「都市伝説広場」「現代奇談」「ディープダンジョン2・0」「Alpha-web　こわい話」などのサイトです。これらでは管理人が集めた都市伝説や怪談のほか、閲覧者から投稿された話が掲載されていました。

これらのサイトの一部は今も閲覧することができますが、ほとんどは閉鎖されています。また書籍化されたサイトもありますが、今では絶版になってしまったものも多い状況です。

これら個人サイトでは腕や足を欠損した幽霊「カシマさん」、口が耳元まで裂けた「口裂け女」、上半身だけの人間の姿で現れる「テケテケ」、学校の怪談として有名な「トイレの花子さん」など、ネットが普及される以前から知られていた怖い話が数多く語られました。

一方、「ひきこさん」や「怪人アンサー」など、ネット上で生まれた怖い話も掲載されました。この時代、新旧の怖い話がネット上で共に語られていたのです。

そして一九九九年五月には、後に日本最大の匿名電子掲示板サイトとなる「2ちゃんねる（現5ちゃんねる）」が誕生します。

2ちゃんねるはインターネットを語る上で欠かせない存在となりました。多くのネット文化がこの電子掲示板から生まれ、派生していきました。

そしてこの掲示板で生まれた怖い話もまた数え切れない程にあります。その中心となったのは「文化」のカテゴリの中に生まれた「超常現象オカルト板」、通称オカルト板でしょう。

そして二〇〇〇年八月二日に「洒落にならないくらい恐い話を集めてみない？」が立てられたのをはじめとして、ジャンルごとに怖い話を語る様々なスレッドが生まれます。

二〇〇一年四月一五日には「ほんのりと怖い話スレ」スレッド。

二〇〇一年一一月九日には「不可解な体験、謎な話 ～enigma～」スレッド。

二〇〇二年二月一二日には「山にまつわる怖い話」スレッド。

二〇〇二年一一月二八日には「海にまつわる怖い話・不思議な話」スレッド。

二〇〇三年六月二九日には「身のまわりで変なことが起こったら実況するスレ」スレッド。

二〇〇三年一二月三〇日には「人形の怖い話しありませんか?」スレッド。

これらのスレッドはパート数を重ねながら何年にも渡ってオカルト板にて存続し、様々な怖い話が語られました。また、この他にも多くのスレッドがありました。

二〇〇七年四月一八日には危ない遊びを検証する「【降霊】検証実況スレ本館【交霊】」スレッドが立てられ、ここから派生して同年五月二八日には「一人隠れんぼ」という「ひとりかくれんぼ」を行い、その報告をするためにスレッドが立てられています。これらも何パートにも渡り、様々な体験が報告されました。

また同じく2ちゃんねるではあるものの、オカルト板ではなくニュー速VIP板で語られた「シシノケ」の例もあります。このようにオカルト板以外のスレッドで誕生した怖い話もいくつもあります。

加えて、二〇〇〇年代半ばには「怖い話投稿 ホラーテラー」というサイトがありました。このサイトでも様々な怖い話が語られ、中には今も語り継がれる名作があります。

今では洒落怖を代表する話とされることも多い「禁后」「姦姦蛇螺《かんかんだら》」「リアル」「リゾート

バイト」などは元々こちらの出身です。それが洒落怖スレッドに転載され、洒落怖の一部として認識されるようになったと考えられます。

他にも二〇〇〇年代には「YouTube」「ニコニコ動画」といった動画投稿サイトが生まれ、そこで怖い話が音読されたり、動画としてその内容が再現されたり、「異世界に行く方法」や「ひとりかくれんぼ」のような実際に試すことができるものが人気になりました。

そして二〇一〇年代になるとＳＮＳが台頭します。その中でも〇八年に日本でサービスを開始した「Twitter」は誰もが気軽に見られること、本名を使わずとも登録できることなどから怖い話との相性がよかったようで、かつて2ちゃんねるにおいて語られたきさらぎ駅に迷い込んだ話などが「Twitter」上で再び流行するなどしました。

このようにインターネット上では様々な形、場所で怖い話が語られてきました。そしてこれ以降もネットは怖い話が語られる上で重要な場所となるでしょう。その変遷をこれからも観察して行きたいと思います。

051

鬼門を開ける方法

本当に、人生が嫌になったら試してください

鬼門を開けるための儀式

2ちゃんねるオカルト板の「週末恒例～怖い話～」にて、二〇〇八年八月三〇日に書き込まれたある儀式。

同スレッドでは、「本当に、人生が嫌になったらこれを試してください。」という言葉とともに、以下の方法が記された。

一：秋葉原駅から日比谷線に乗り、茅場町駅で降りてホームを八丁堀方面に行くと、鉄格子の下に塩がおかれているので、それを足で蹴散らしてください

二：そのまま東西線に乗り換え、高田馬場駅で降りてホームを西武新宿線乗り換え方面に行くと、鉄格子の下に塩がおかれているので、それを足で蹴散らしてください

三：そのままもう一度東西線で茅場町駅で降りて改札をくぐり、４a出口の階段の下に米を一〇粒たらしてください

四：そのまま日比谷線の茅場町駅に乗り、築地駅で降りてホームを築地本願寺方面に行くと、鉄格子の下に塩が置かれているので、それを足で蹴散らしてくだ

さい

五：そのまま日比谷線に乗り、目を閉じてあなたが一番したいことを考えながら手を組んでそのまま乗っていてください。

鬼門について　鬼門《きもん》は北東の方角を指し、古来から鬼が出入りする方角として忌《い》む傾向にある。この思想は陰陽五行説等に由来するもので、家相においては特に鬼門を警戒し、風呂やトイレを置かないなどの風習が今も残る。

一方、鬼門は物理的な門ではないため、開いたり閉じたりするものではない。台湾《たいわん》では旧暦七月に鬼門が開き、あの世から鬼や魂がこの世に訪れるという思想があるが、日本では見られない。

この鬼門を開く方法を見てみると、秋葉原《あきはばら》駅から茅場《かやば》町駅は南東、茅場町駅から高田馬場《たかだのばば》駅は北西、高田馬場駅から茅場町駅は南東、茅場町駅から築地《つきじ》駅は南西、同じく築地駅から築地本願寺《ほんがんじ》方面のホームから電車に乗ると南西に向かう形となる。

これを見ると、八方位のうち、北東方面を避けたルートとなっていることが分かる。北東以外を経由することが鬼門へと向かう何らかの儀式になっているのかもしれない。もしくは、最後に向かう南西は鬼門に対し裏鬼門と呼ばれる方角で、鬼門同様忌み嫌われる方角である。実はこちらを目指す方法という可能性もある。

鬼門を開くという意味　また鬼門を開くという表現について、先述した通り日本の鬼門は閉じたり開いたりするものではないが、鬼の出入りする方角とされ、病や災厄、祟《たた》りなどが発生する原因とされた。そのため、何らかの災厄を自分に降りかからせるための方法なのかもしれない。

そして、「本当に、人生が嫌になったらこれを試してください。」という文言から始まることを見るに、その先に待っているのは死ということなのだろうか。

052

アクロバティックサラサラ

夜空を駆ける赤いアイツ

東北地方の赤い怪女

二〇〇八年九月二二日、2ちゃんねるオカルト板に立てられたスレッド「ヤヴァイ奴に遭遇《そうぐう》したかもしれん」にて女の姿をした化け物の目撃情報が投稿された。

それによれば、アクロバティックサラサラは福島県を中心に、秋田、岩手、山形県など東北地方で目撃される、背が異様に高い、赤い衣服を身に纏《まと》った女のような姿をしているという。またその眼孔《がんこう》には眼球がなく、真っ黒な穴が空いていると伝えられる。また赤いハットを被っているという話もある。

また、同スレッドによればアクロバティックサラサラは数年前から何度も目撃されており、マンションの屋上から飛び降りて地面すれすれで消える、走る電車の前に突然現れる、話しかけたり指をさしたりすると永遠にその人間についてきて、悪ければ死ぬ、といった話があったようだ。またその動きやサラサラとした黒髪から、「アクロバティックサラサラ」という名前が付けられたらしい。略して「アクサラ」「悪皿」などとも呼ばれるようだ。

様々な噂

同スレッドでは他にも複数人からアクロバティッ

クサラサラに纏わる話が投稿されている。

それによればアクロバティックサラサラは人を攫《さら》うことがあり、行方不明になった人間の家では鏡とガラスがすべて割られ、その男性の血液だけが風呂場に大量に残っていたという。これはベンチに座っているアクロバティックサラサラに話しかけたことが原因のようだ。

またそれ以外にも屋根に出現したり、人を引っ張って事故を起こさせたりすることもあると語られている。

片腕に大量の切り傷があるという話もあり、それにはアクロバティックサラサラの過去が関係するともいう。

彼女は元々人間の女性で、福島のあるビルで働いていた。女性は当時二七歳で、妊娠しているが結婚はしておらず、その上相手の男性に逃げられた。

女性は子どもを産んだが、程なく子を抱いたままビルから飛び降りた。その腕には無数の傷があり、着ていた服は血に赤く染まっていた。また、なぜか目玉がなかったという。


八尺様と高女　その姿や投稿された時期から八尺様と比較されることが多いが、背が高い女、という以外は外見も性質も八尺様と異なっている。

またこのスレッド内では「高女《たかおんな》」という妖怪との比較も散見される。高女は江戸時代の画家、鳥山石燕《とりやませきえん》が描いた『画図百鬼夜行』にある妖怪で、女郎屋らしき建物の横で女の姿をした化け物が下半身を長く伸ばした様子が描かれている。しかし解説文は一切なく、高女と呼ばれる妖怪の伝承も見つかっていないことから、石燕が創作した妖怪という可能性も高い。またアクロバティックサラサラとは背が高い以外の共通点はない。

前述した福島県における女性の飛び降り自殺があったのだとすれば、それが正体で、生きた人間に対し復讐《ふくしゅう》しているものと思われるが、なぜアクロバティックな動きをするようになったのかは不明である。

053

サンヌキカノ

サンヌキカノがやって来る

謎の猿とその警告　2ちゃんねるオカルト板の「不可解な体験、謎な話～enigma～ Part49」スレッドに二〇〇九年一月一六日から二〇日にかけて書き込まれた。

話はある男性が家の庭先で猿と人間の中間ぐらいの奇妙な姿をした動物と遭遇《そうぐう》するところから始まる。猿は笑ったような顔をして男性に近づくと、口をもごもごと動かした。何を喋っているかは分からなかったが、テレパシーのような感覚で「サンヌキカノというのが来るから、来たらこれを見せろ。自分で取ったと言えば向こうもくれるから、後は庭に埋《う》めてしまえ」と言った。

そして猿はそのまま庭の垣根を越えて行ってしまった、猿がいた場所を見ると、人間の奥歯が落ちていた。

サンヌキカノと申します　それから二日ほどして、男性の家の庭先に上品な着物を着た老女が現れ、窓を叩いて「サンヌキカノと申します」と笑顔を見せて言った。

男性は猿の言っていたことを思い出し、机にしまっておいたあの歯を見せた。サンヌキカノはそれを見て表情を変え男性に問いかけた。

「どうしたんですか？」

「取って来たんです」

男性がそう答えると、サンヌキカノは「本当に？」と念を押した後、屈《かが》んで庭に何かを置いたかと思うと、そのままの姿勢でものすごいスピードで去って行った。

そこで男性が外に出ると、また歯が一本置いてあった。男性は猿にもらったものを含め、二本の歯を庭の土に埋めたという。

それから町内会の掃除があった際にサンヌキカノのことを聞いたところ、その名前は忌《い》み名《な》で、人に話すと不幸が広がると教えられた。また、昔は死人の歯を一本抜いて、お守りにする習慣があったため、猿は御先祖様か何かの使いで、サンヌキカノから守ってくれたのではないか、ということになった。

さらに「もう名前を広めた」と言ったところ、「護符をやるから、名前を逆に唱えて祈れば厄も落ちる」と教えてくれたという。

話を聞くと現れる老婆の怪

以上が概要だ。この話ではサンヌキカノの正体には一切触れていない。

一応似たような特徴《とくちょう》を持つ怪異はおり、ババサレ、バーサレと呼ばれる怪異は話を聞いただけでその人間の下に老《ろう》婆《ば》が現れると言われている。この時、戸や窓などを叩かれるため、開くと殺害されるが、「ババサレ」といった呪文を複数回唱えると撃退できる、と語られる。

サンヌキカノの場合は現れ方や人に話すと不幸が広がる、という部分はババサレ系統に似ている。一方、怪異を防ぐ方法が何者かの歯を見せるか、もしくは名前を逆さまに、つまり「ノカキヌンサ」と唱えることとなっており、この辺りはあまり似ていない。

またサンヌキカノの存在を教えた猿の存在も一体何者なのか不明であるため、情報が少なく、謎の多い怪異となっている。

054

禁后

母から娘へ継ぐ禁断の儀式

三つの儀式

怪談投稿サイト「ホラーテラー」にて二〇〇九年二月一一日及び二〇一〇年三月一七日に投稿された、ある家系に纏《まつ》わる怪異。

その家系では母から娘へと三つの儀式が受け継がれていた。母親に儀式の材料として選ばれた娘は通常の名と母親のみが知る隠し名を付けられ、後者は本来の字が持つものとは全く別の読み方が与えられた。そして隠し名を付けた日に鏡台を買い、儀式の日以外は娘に見せてはならないとされていた。

その儀式とは以下のようなものだ。まず娘は一〇歳で生爪を、一三歳で歯を、一六歳で髪を母親に提供し、母親は鏡台の三つある引き出しに上から順に入れる。また一番上の引き出しには娘の隠し名を書いた半紙も入れる。

この儀式の後、母親は自分の髪をしゃぶるようになる。しかしその肉体は抜《ぬ》け殻《がら》で、中身は楽園へ向かうという。

そして残された娘は姉妹に育てられ、同じ儀式を繰り返す。

蘇った儀式の果てに

しかしこの儀式は次第に悪習とみなされて廃《すた》れた。最終的には隠し名は母親の証として、鏡台は祝

いの贈り物として娘へと受け継がれるものとなった。

しかしその家系に生まれた八千代《やちよ》という女性が再び儀式の被害者となる。

彼女は両儀式とは無縁に育てられて大人となり、結婚して娘が生まれた。

しかし貴子《たかこ》と名付けられた娘が一〇歳になった時、貴子は父親に爪と歯の一部を奪われて殺害される。その死骸《しがい》は誕生祝いに買った鏡台の前に横たわっており、八千代は娘の死体に泣き縋《すが》っていたが、やがてその部屋で自らの命を絶つ。

それを知った八千代の両親は、夫があの儀式を行おうとして惨状を招いたのだと知る。怒りに駆《か》られた彼らは家に呪いをかけ、戻ってきた夫は口に大量の髪の毛を含んで死んでいる姿で見つかった。

それ以来、八千代の家は母娘の供養《くよう》をかねてそのまま残されることとなる。

今も残される呪い

しかし老朽化によりその家も取り壊されることとなり、住民たちは新たな空き家を建て、そこに家の中身をそっくり移すこととした。

その家は一階に八千代の鏡台、二階に貴子の鏡台があり、八千代の鏡台には一段目は爪、二段目は歯が、隠し名を書いた紙と一緒に入っており、貴子の鏡台は一、二段目とも隠し名を書いた紙だけが入っているという。隠し名は八千代が「紫逅」、貴子が「禁后」で、どちらの鏡台の三段目の引き出しにも二人の手首が指を絡め合った状態で入っている。またその鏡台の前にはつっかえ棒のようなものが置かれ、それぞれに八千代、貴子の髪が置かれているという。

呪術の一種である感染呪術では対象の爪や髪、歯を使い、相手に呪いをかけることが多い。しかしこの話の場合、それらを使って楽園に向かうとされており、一体どのような作用が起きているのか分からない。娘の一部を代償《だいしょう》にしているということなのだろうか。

055

姦姦蛇螺

渦巻く怨みはとぐろのように

山の中の封印

二〇〇九年三月二六日、怪談投稿サイト「ホラーテラー」にて、ある集落に封じられているという姦姦《かんかん》蛇螺《だら》なる化け物の話が書き込まれた。

　姦姦蛇螺は森の中、二メートル近い高さの柵と有刺鉄線に囲まれた区域に隔離されており、その柵には白い紙が絡み、鈴がつけられている。

　この柵の向こうには六本の木に注連縄《しめなわ》を張り、縄で括《くく》った六角形の空間がある。そしてその中央に木箱が置いてあり、中には四隅に液体が入った壺《つぼ》と思《おぼ》しきものが置かれている。

　中央には五センチほどの長さの楊枝《ようじ》のようなものが、「八」を二つ横に並べ、「＞」をその右にくっつけた形で六本置かれており、棒の接する部分が赤く塗られている。

　もしこの棒の形を崩してしまうと、姦姦蛇螺がその人間に元の姿を見せる。それが上半身だけならばいいが、もし下半身の形まで見てしまうと、その人間の命はないという。

姦姦蛇螺が生まれるまで

姦姦蛇螺は過去の話も伝わっている。

かつて、この地域は人を食らう大蛇に悩まされていた。村人たちは神の子として代々力を受け継いでいたある巫女《みこ》の家に大蛇退治を依頼する。

その家はもっとも力の強い巫女一人を討伐に向かわせるが、その巫女は大蛇に下半身を食われてしまう。これを見た村人たちはこの巫女を生贄《いけにえ》にする代わりとして村の安全の保障を大蛇に持ちかけた。

巫女を疎《うと》ましく思っていた大蛇はそれを了承し、飲みやすいようにと村人に巫女の両腕を切断させ、彼女を食らった。

それから村は一時の平穏を得た。これは巫女の家の者たちが思案した計画だったという。

しかしすぐに村に異変が起きた。巫女の家族六人を含む一八人の村人が死亡し、その死体は右腕か左腕がなくなっていた。

あの巫女が化け物となって村に復讐《ふくしゅう》を始めたのだ。村で生き残ったのは四人であったが、その四人は姦姦蛇螺を封じるため、先述した封印を施《ほどこ》した。

あの封印に見られた六本の木と六本の縄は死んだ村人たちを、六本の棒は巫女の家族を、四隅に置かれた壺は生き残った四人を、箱の中の六本の棒は姦姦蛇螺を表しているのだという。

その姿についての考察

姦姦蛇螺の下半身がどのような形なのかはこの話では明かされないが、蛇と見なされることが多い。そこで姦姦蛇螺の名前を考えてみると「姦姦」は「巫女の六人の家族」、「蛇」は「大蛇」と当てはめられる。また両腕を失った巫女が六本腕の化け物と化したことを考えるに、殺した六人の家族の腕を奪った可能性がある。そうであれば同じく失った下半身を構成するのは自分の命を奪った蛇で、名前に残る「螺」は「渦」の意味であるため、とぐろを巻く蛇の半身とも取れる。また「八」と「∧」で表される姦姦蛇螺の姿も、波打つ蛇の半身と人の上半身にも見え、蛇の下半身を持つ可能性は高いように思える。

巫女の恨みが大蛇さえも呑《の》み込んだのか、あまりの境遇に同情した大蛇が巫女に力を貸したのか、それは分からない。だが何百年と晴らせぬ恨みがこの巫女の中に渦巻いているのは確かなようだ。

056

迫りくるモノ

迫りくる呪いの人形

それは病室に現れた

二〇〇九年四月一八日、「死ぬ程洒落にならない怖い話を集めてみない？　２１０」スレッドに、ある男性が子どもの頃体験したという怪異譚が書き込まれた。

その男性（以下Ａとする）は、幼少時、母親の友人の女性と、その子ども（以下Ｂとする）が自分の家に住む環境で暮らしていたという。ＡはＢを兄のように慕っていた。

そして三歳ぐらいの時、病気で入院したＡは、その病室で奇怪なものを見た。

それは日本人に近い顔立ちのリアルなだっこちゃん人形（ビニール製で、木にしがみつくコアラのようなポーズをした人形）のようで、体色は真っ黒で、眼だけが白く、その瞳は左右バラバラに絶えず動いていたとされる。

この怪異は座った状態で膝を伸縮させながら移動し、病室内の家具にぶつかるとそれに摑《つか》まって立ち上がり、Ａの寝ているベッドに顔を向けて「Ａ！　Ａ！」と彼の名前を叫ぶ、ということを繰り返した。

出現するのは夜遅くで、一〇分ほど続いたという。

その怪異はＡ以外の誰にも見えず、大人は誰も信じなかったが、Ｂだけは信じてくれた。

そしてある夜、あの怪異が現れた際、ＢはＡに、Ａの名

を自分に対して呼ぶように言った。Aがその通りにすると、怪異はBのことをAだと思ったのか、めちゃくちゃに動いていた目の焦点がBに定まった。その時、Bの目に迫りくるモノの姿が映ったのか、Bは泣きながら病室から逃げていき、怪異はそれを追っていった。

その後、Bは無事に戻ってきた。それからAは急速に回復して退院したという。

続く呪い

それから二人が大人になった後のこと。Aは身の回りで怪現象が多発するようになり、Bとともに霊能者の下に行った。

そこで説明を求められたBは、あの時、病院で遭遇《そうぐう》した怪異の媒体となっている人形を回収し、神社で人形にかけられた呪いを封印してもらったという。しかしその神社では半分封じるのがやっとだった。

Bはその人形を封印した箱を自室に保管していたが、大学に入学して一人暮らしになる際、それを実家に置いていった。そのため、何も知らない家政婦が燃えるゴミに出してしまう。これにより中途半端に封印を解かれた状態になった呪いの運び手である人形は苛立《いらだ》っており、AやBを突け狙っているという。

呪いはAに対して行われたが、古いものであるため、呪いをかけた本人がそれを忘れている可能性があった。よって、呪いの運び手は放っておくと指示されたAを呪うという目的を果たすため、幾度追い払っても戻ってくるという。

そこで別の霊能者に頼み、呪いを追い払ってもらうことになった。その儀式の際、様々な怪現象が起きたものの、呪いは主の下へ戻って行ったとされる。

人形の呪い

この話から考えるに、Aの病気は呪いによるものだったと考えられる。人形を使って人を呪う方法は丑《うし》の刻参《こくまい》りの藁人形《わらにんぎょう》に見られるように古くから日本にある。

しかし、人形自体が迫ってくるこの呪いが、一体どのように行われたのかは不明である。

057

サンユキサマ

山の中の不思議な屋敷

声を上げない鶏

二〇〇九年四月二九日、2ちゃんねるオカルト板に立てられた「不可解な体験、謎な話～enigma～Part52」スレッドにて、山中に現れた怪異の話が投稿された。

東海地方でのこと。まだ戦前の頃、ある少年が山間部の小さな村に住んでおり、よく山で遊んでいた。ある日、山でウサギを探していると、突然鶏が現れた。

こんな山奥で誰かが鶏を放し飼いにするはずもなく、しかし野生化していたとしたら毛並みが綺麗だったため、不思議に思っていると、この鶏が一切声を上げないことに気が付いた。

何か珍しい鶏なのではないかと考え、捕まえようとした時、少年はその鶏の後ろに大きな屋敷があることに気が付いた。

山を登って来た時には確かになかったはずのその屋敷に興味を覚えた少年は、立派な門を潜《くぐ》って中に入った。

門の先にあったもの

屋敷の庭には見たこともない花々が咲き乱れ、塀の左右には小屋があり、その小屋に馬と牛が一〇頭ずついた。また家の前には、先ほどの鶏と同じ鶏が五羽いたという。

しかし、その家の牛も馬も鶏も一切鳴き声を発さず、花の匂いも動物の臭いもしなかった。怖くなった少年は玄関の戸がゆっくり開き始めたのを見て、悲鳴を上げて逃げ出した。するといつの間にか山の麓《ふもと》に着いており、彼はそのまま自分の家まで走ったという。

少年がそのことを母親に話すと、母親は青ざめた顔をして外に出て行き、父親を連れてきた。

そして父親はすごい剣幕《けんまく》で少年に家のことを聞き出し、「お前が見たのはサンユキサマだ」と告げた。そして挨拶をしていないのなら今から謝りに行くぞと言い、山の裾にある神社に連れて行き、少年に謝らせた。

それ以来、少年がこの屋敷を見ることはなかったという。

隠れ里とマヨイガ

山中で不思議な屋敷や里などに遭遇《そうぐう》するという話は全国にあり、隠れ里と呼ばれるが、特に柳《やなぎ》田《だ》國《くに》男《お》の『遠野《とおの》物語《ものがたり》』にて記された「マヨイガ」が有名。

「マヨイガ」は「迷い家」と書き、訪れた者が家の中の何かをひとつ持って帰ると富を得ることができるなどという。またマヨイガは門を抜けると大きな庭に紅白の花が一面に咲き誇り、たくさんの鶏が遊んでいた。また庭の裏の方へ回ると、牛小屋があって牛がたくさんおり、馬舎があって馬も多くいた、と書かれており、サンユキサマの描写と共通する部分が多い。

一方、マヨイガは誰も住んでいないとされるが、サンユキサマは何者かが家の中から出て来ようとしたような描写があるなど、違いもある。

またサンユキサマの名前の由来も不明だ。この話の中では屋敷を指すのか、屋敷にいた者を指すのか分からないと書かれている。山中にあったことを考えるに、「山行様」なのだろうか。いずれにせよ、挨拶をしなかったことを窘《たしな》められているのを見るに、地元の人々に大事にされていたようだ。

058 ミヤウチ様

家を守る神様

少年時代に見たミヤウチ様　二〇〇九年六月八日、2ちゃんねるオカルト板の「死ぬ程洒落にならない怖い話を集めてみない？ 214」にて、ある家に祀《まつ》られている神様についての話が語られた。

その神様は「ミヤウチ様」と呼ばれていた。祀られているのは普通の八畳の部屋だが、中には大きな祭壇があり、米俵や酒瓶、スナック菓子などが供えられていたという。

元々はどこかの神社から分けてもらったという格の高い神様で、その家でのみ「ミヤウチ様」の名で呼ばれていた。

ある時、この家の子どもがミヤウチ様に供えられた菓子を食べてしまい、父親に謝って来るように言われて泣きながらその部屋に向かった。

しかしいつものように部屋の戸を開けると、そこに大きな髭面《ひげづら》の男性がいた。

その男性は固まっている子どもを見て、一言だけ「泣くな」と言ったが、子どもはさらに泣いて両親の下に逃げ帰った。

これを聞いた祖父はミヤウチ様を見たのか、と喜んだという。

ミヤウチ様対謎の怪物

また、この子どもの曽祖母もミヤウチ様と遭遇《そうぐう》したという。

曽祖母は当時には珍しく恋愛結婚でこの家に嫁《とつ》いできた女性だったが、結婚して一、二年程経った頃、いきなり倒れたり、体重が減り続けたり、夜な夜な外を徘徊《はいかい》したりするなど様子がおかしくなった。

神主などに尋ねたが、昔先祖が迷惑をかけた相手に憑《つ》かれた、犬神憑きの家に妬《ねた》まれた、狐に憑かれた、山の神様に気に入られたとバラバラの答えが返って来た。

そのため、藁《わら》にもすがる思いで、当時はまだ神棚に祀っていたミヤウチ様の部屋に曽祖母を寝かすようにした。それから何日かした深夜、曽祖母は物凄《ものすご》い悪臭で深夜に目を覚まし、隣で寝ていた曽祖父を起こそうとしたが、起きる気配がない。

そこで困っていると、中庭を猿に似た何かがうろついている。しばらくしてそれが曽祖母の方に歩いてきた。もうだめかと思った時、屋根から毛だらけの大きな手が伸びてきて、その猿のようなものを摑《つか》み、引っ込んでいった。それを見た曽祖母は気絶してしまう。

翌朝目覚めてみると、神棚が滅茶苦茶になっており、ミヤウチ様が守ってくれたのだということになった。実際曽祖母はそれから体調も元に戻り、これをきっかけとして、ミヤウチ様を祀るための大きな祭壇が作られた。

また、生前、曽祖母は「あの時、本当にこの家の人間として認めてもらったんだ」としきりに口にしていたという。

宮内様

話の中で犬神の話が出てくるが、これが伝えられるのは西日本であるため、ミヤウチ様が祀られているのも西日本のどこかではないかと考えられる。

ミヤウチ様は恐らく「宮内様」と書くものと思われる。「宮」は天皇や皇族を祀る神社や古くからこの呼称を用いる神社の名前に使われる。また「お宮」など神社そのものを表す場合に使うこともある。ミヤウチ様は神社から分けてもらった神であるため、宮の内にいた神としてミヤウチ様と呼ぶようになったのではないだろうか。

059

九死霊門

死者の開く門

地獄に繋がる穴

山林に突如現れるという地獄に繋《つな》がる穴。夕方から朝方までの薄暗い、もしくは暗い時間帯に開く死の世界への門とされ、これが開く際には人間を含む動物の命がひとつ生贄《いけにえ》にされる。

その際には九人の死霊が門を開く役割を担い、うち八人が八方からその木を叩くような音を立てて獲物を追い詰めていき、獲物が九人目の死霊の近くまで来ると、その九人目が霊門《りょうもん》を開き、これを呑《の》み込んでしまう。

一度開いた門はしばらくの間開いたままになり、生きている動物が近付くと何であっても命を吸って殺してしまう。そのため、霊門が開いた後には多くの動物の死体が転がっているという。

数多に語られる死者の門

この話はまず二〇〇九年六月二三日、2ちゃんねるオカルト板の『死ぬ程洒落にならない怖い話を集めてみない？216』において、山林に行った男性が木を叩くような謎の音を発する者たちに追いかけられたという話が書き込まれ、その後、同じくオカルト板の「ほんのりと怖い話スレ　その57』にて、その話を受け、謎の音がある地域に伝わる「九死霊門」のことではないかとの書

き込みがなされ、その概要が語られた。また名前の由来は九人の死霊によって開かれる門であるため、という説が記されている。

さらに二年以上後の二〇一一年一一月一四日、「ほんのりと怖い話スレ　その79」にて、和歌山県との県境付近にある大阪府の地域において、子どもの頃に山中で木を叩くような謎の音に追われたという体験談が書き込まれ、それを受けて同日に地元に九死霊門の伝承があるという人物によって再び九死霊門の概要が書き込まれた。この人物はおとぎ話のようなものであって、実際に遭遇《そうぐう》したことはないと語っている。

また、ここでは不自然なほど一ヵ所に動物の死骸《しがい》が並んでいることがあり、この伝説が囁《ささや》かれるようになった。これは有毒ガスが噴出する場所があり、その付近で動物たちが死んでいたため、この伝説が生まれたのではないかと考察されている。

門はどこにでも現れる　実際にこれに似た伝説はあり、栃木県の那須町にある殺生石はあらゆる動物を殺害する毒石で、天竺（インド）や中国を経て日本にやってきた九尾（もしくは二尾）の狐、玉藻前《たまものまえ》がその死に際して石となった、もしくはその執心が石と化した、とされている。これもこの石の周囲で有毒ガスが発生しており、そのためにあらゆる動物を殺害する毒石、という伝説が生まれたという説がある。

九死霊門が毒ガスという説はこれに近いが、木を叩くような音を聞いた、という証言が複数あることの説明がつかない。

他にも二〇一五年七月一八日にもこれと遭遇したという話が「ほんのりと怖い話スレ　その110」スレッドに書き込まれ、二〇一七年五月七日には「ほんのりと怖い話スレ　その123」にて、東南アジアでこれと似た怪異に出会った体験談が書き込まれるなど、場所と時を選ばずに出現する怪異と化している。

060

リゾートバイトの化け物

蘇るのは子か化け物か

母が子を思う果てに　二〇〇九年八月四日から同年八月一八日にかけて、怪談投稿サイト「ホラーテラー」にて、ある青年が化け物と遭遇《そうぐう》した「リゾートバイト」と題された話が投稿された。

投稿者がある海沿いの地域の旅館へバイトに赴《おもむ》いた際、恐ろしい儀式に巻き込まれたという話だ。

その儀式は古くはその地域にあった村に伝わっていた。村では多くの家が漁業を生業《なりわい》としており、子どもも漁に参加していた。しかし海で死ぬ子どもも多かったため、母親が子どもにへその緒をお守りとして持たせる風習が生まれた。

このへその緒は母親と子どもの繋《つな》がりを示すものであり、子がどこにいようとも母の下に帰って来られるように、という意味が込められていた。

それでも子どもが死ななくなるわけではなかった。だがある時、一人の女性が自分の子どもを蘇《よみがえ》らせる儀式を行った。それはへその緒を使った儀式で、誰かのへその緒を次第に子どもの姿に変化させていくというものだった。しかし蘇った子どもは全身が紫色に変色し、体は膨《ふく》らみ、目は白目を剥《む》き、かろうじて見える黒目は左右で別々の方向を向いていた。口からは泡を吐き、奇声を上げる生きた水死体のような姿をしていたという。

死んだ子を蘇らせる儀式　この儀式を行ったある母親の日記によれば、へその緒は成長し、手足が生え、床を這《は》い始め、四つ足で歩くようになり、言葉を発し、最後には立ち上がるという。またこの儀式が行われた部屋には札が大量に貼られ、腐った残飯が残されていたと語られている。

また、儀式が成功した場合、生まれた化け物は母親を食い殺してしまう。一方、母親を隔離して子どもから離すと、次第に退化してへその緒の姿に戻るという。

そして現代、先述した旅館の女将は自分の子を蘇らせるため、この儀式を再現しようとした。また、かつての状況と違い、女将は子どもにお守りとしてへその緒を持たせていなかったため、本人のへその緒が残っている状態にあった。

そこで女将は古くから伝わる儀式とは異なる方法で儀式を行い、その結果複数の化け物が出現する。女将はそのままバイトに来た青年たちを生贄《いけにえ》にして息子を蘇らせようとするも、失敗。自分自身が化け物たちに取り憑《つ》かれる結果となり、その後の顛末《てんまつ》はどうなったのか語られないまま怪談は終わる。

へその緒の俗信　へその緒に纏《まつ》わる俗信は各地に残っており、へその緒を使って行方不明の子どもの安否を占う話もある。また、子どもが大病に罹《かか》って生死の境をさまよっている時、へその緒を煎《せん》じて飲ませると回復するという俗信は多い。その辺りが変化して、子どもを生き返らせるという話が生まれたのだろうか。

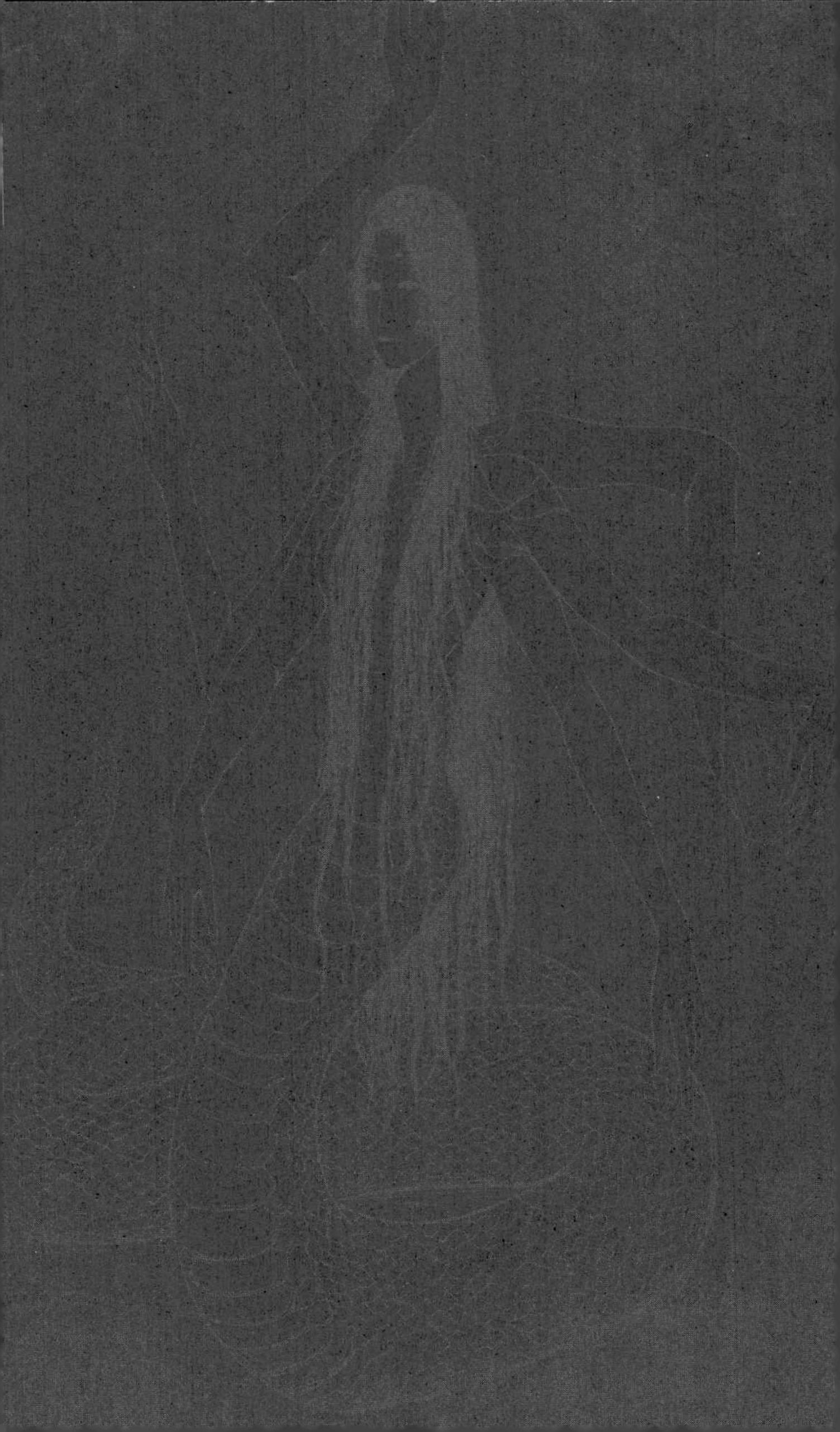

No.

061 | 080

061

リアルの悪霊

本当に悪いもの

東北地方に伝わる儀式

二〇〇九年一一月二四日、怪談投稿サイト「ホラーテラー」にて、「リアル」と題された話が投稿された。

　話はある男性が友人とともに心霊スポットに行った後、その友人から聞いた何かを呼び出す儀式を試すところから始まる。

　その儀式とは東北地方に伝わるもので、鏡の前で何らかの行動をしたまま右を見ると何かが来る、とかいうもので、行動とやってくる存在については伏せられているが、これを行う際にはお辞儀をしているような体勢になるという。

　そして男性が儀式を行った時、それは突然部屋の真ん中に現れた。姿は傷んだ髪が腰まで伸び、簾《すだれ》のように顔にかかっている。その間から見える顔の表面には札のようなものが何枚も貼られており、顔そのものは見えなかったという。体には経帷子《きょうかたびら》を纏《まと》い、小さく左右に揺れていた。

　男性は思わず部屋を出て、朝になってから帰った。部屋の中には既にあの悪霊はいなかったが、ヘドロのようなものが大量に残っていた。

　部屋にいられず、男性は実家に帰ったが、その際に体に異変が起きていることに気が付いた。首に紐《ひも》を巻き付けられ、それを左右に動かしているような痛みと熱を感じ、鏡を見ると縄でも巻かれたかのように首の付け根に細かな発《ほっ》疹《しん》がびっしりと浮き上がっていた。

それから高熱を出し、数日に渡って実家で療養していたが、発疹は悪化し、三日目には異様な痒《かゆ》みに襲われ、鏡を見ると発疹が大きくなって特大のニキビがひしめき合っているような状態で、膿《うみ》を滲《にじ》ませていたという。

悪霊との戦いの果てに

それから彼は祖父母の恩人である女性霊能者の先生の下に赴《おもむ》く。そこで除霊を受けていると、今度は男性の横に悪霊が現れ、彼の顔を覗《のぞ》き込みながら「ドオシッテ?」と繰り返していた。

そして悪霊は顔に貼り付けてある札を捲《めく》り、彼に顔を見せようとしてきたが、先生のおかげで何とか切り抜けた。

それから先生の勧めにより寺でしばらくの間生活し、悪霊の影響が薄くなってから下山した。

しばらくして先生が亡くなり、生前に記された手紙が男性に渡された。そこには、あの悪霊は彼女にも手に負えなかったこと、あれは本当に悪いもので、ゆっくりと時間をかけて苦しめようとしていることが記されていた。

そして最後に、実はこの話を書いたのは男性ではなく、彼に儀式の方法を教えた友人だったことが明かされ、男性は既に死亡していることを示唆《しさ》して話は終わる。

首を吊らせる妖怪

この話では首元に縄を巻かれたような跡が出たとされているため、取り憑《つ》いた悪霊は首を吊って死んだ人間の成れの果てなのではないかと考えられる。

中国には人に取り憑いて首を吊らせる妖怪がおり、縊鬼《いき》と呼ばれる。縊鬼は首を吊って死んだ人間がなるもので、自分と同じ死因の人間が冥界に来ないと転生することができないため、様々な方法で首を吊らせようとする。日本でも江戸時代の随筆『反古《ほご》のうらがき』などに縊鬼が現れた話があるため、リアルの悪霊もこの類《たぐい》なのかもしれない。

062

悪魔のメルヘンカルタ

童話に封じられたこの世の悪

悪を封じ込めたカルタ

「悪魔のメルヘンカルタ」は「悪夢のメルヘンカルタ」ともいい、二〇〇九年頃からネット上で流布《るふ》し始めた。

ヨーロッパの呪術師がこの世の悪を封じ込めたカルタ。白雪姫、赤ずきん、ヘンゼルとグレーテル、人魚姫、不思議の国のアリス、ピノキオの六枚の絵柄のカルタからなる。

邪悪な心の持ち主に取り憑《つ》き、その人物が六つの身体になり身体以外のすべてを支配する。

これ以上の話はなく、具体的に何が起きるのかは不明。

カルタに描かれた童話

各童話については、『白雪姫』は元々ドイツに伝わっていた民話で、グリム兄弟の『グリム童話』（一八一二年）に収録されている。『赤ずきん』はフランスの詩人、シャルル・ペローの『ペロー童話集』（一六九七年）で初めて作品化され、先述したグリム兄弟の『グリム童話』にも収録されている。『ヘンゼルとグレーテル』も『グリム童話』に収録されているが、元はドイツの民話だったという。『人魚姫』はデンマークのハンス・クリスチャン・アンデルセンが書いた『子どものための童話集 第三冊』（一八三七年）に収録されたものが初出と考えられてい

る。『不思議の国のアリス』はイギリスのルイス・キャロルが児童小説として著し、一八六五年に刊行された。ピノキオはイタリアの作家、カルロ・コッローディが『あやつり人形の物語』として一八八一年から翌年にかけて連載したもので、一八八三年に『ピノッキオの冒険』として出版された。

六つの大罪　このように、悪魔のメルヘンカルタの題材となっている童話は一九世紀のヨーロッパで何らかの形で世間に発表されたもの、という共通点はあるものの、それ以外に繋《つな》がりが見えない。

この世の悪を封じ込めた、という文言や、悪魔が関連することを考えると、キリスト教において罪の源と見なされ、特定の悪魔に結び付けられる「七つの大罪」と関連する可能性もある。

各童話と大罪を当てはめると、『白雪姫』は白雪姫の美しさを妬《ねた》み、殺害しようとする王妃が出てくるので「嫉妬」。『赤ずきん』は主人公の赤ずきんや、その祖母を食う狼が登場するため「貪食」。『ヘンゼルとグレーテル』は捕らえた子どもをわざわざ肥えさせて食べようとする魔女が登場するため「強欲」。『人魚姫』は主人公の人魚姫が人間の王子に恋をし、それを実現させるために人間の姿になる物語であることから「色欲」。『不思議の国のアリス』は極度の癇癪持ちで、些細なことで怒りを爆発させ、誰かの首を刎ねるように命じるハートの女王が登場するため、「憤怒」。『ピノッキオの冒険』は主人公のピノッキオが努力や勉強を嫌い、すぐにおいしい話に騙されて痛い目にあうため「怠惰」。

これで六つが埋《う》まるが、最後に「傲慢」が残ってしまう。また解釈次第で各童話が担う罪も変わるかもしれない。

七つの大罪はそれぞれ対応する悪魔がいるため、六つの身体になり、身体以外のすべてを支配する、というのは六の悪魔に身体を乗っ取られ、強大な力を得るなどと考えられるが、やはり推測の域を出ない。

063

シシノケ

山の神にされてしまったもの

山に現れた芋虫状の化け物

二〇一〇年四月一二日、2ちゃんねるのニュース速報VIP板に立てられた「変なものを見てしまった。」スレッドにてある怪物と遭遇《そうぐう》した話が語られた。

報告者は犬と一緒に石川県のあるキャンプ場でキャンプしていたが、夜、眠りに就こうとしていると、テントの外から赤子の泣き声のような声が聞こえてきた。

様子を見に行ってみると、そこには巨大な芋虫のようなものがいた。大きさは寝袋ぐらいで、それが鳴き声を発し、魚が飛び跳ねるような動きをしていた。その全身にはヤマアラシの針のように鋭い毛が生えており、頭部と思《おぼ》しき部分には三角形の頂点を作る形で三本の触手が生えていて、その先に目と思しき器官がついていた。

触手の中央には穴があり、下部分には髭《ひげ》のようなものが生えている。報告者はテントまで逃げるも、何かが這《は》いながらテントに近付いて来るような音がし、子どものような声で「ッチッ……イトッ……シャ……ノウ」と聞こえてきた。犬が飛び出してこれに噛《か》み付いたため、報告者は犬の首輪を摑《つか》んで引き戻し、何とかキャンプ場の管理人がいる建物に辿り着いた。

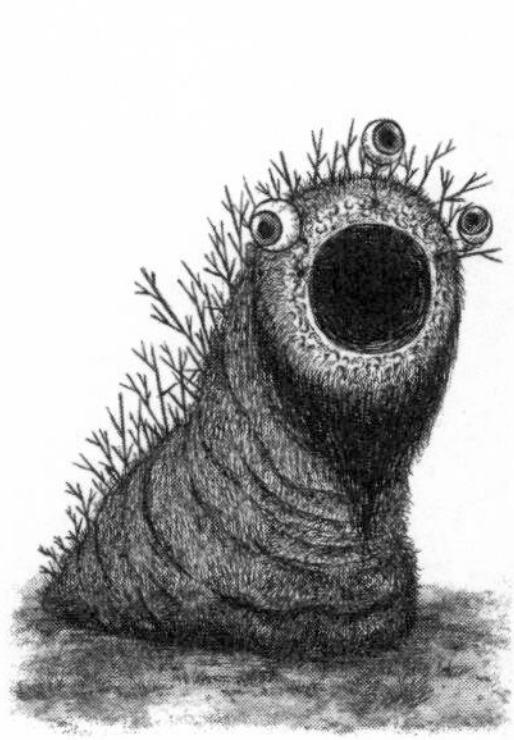

管理人の話によれば、たまにナメクジのような化け物が目撃されているが、襲われたという体験談はなかったという。報告者と犬は管理人の建物で過ごすことになったが、夜が更けてきた頃、あの怪物は建物までやってきた。

ドアに何かが体当たりしてくる音が聞こえ、報告者と管理人、そして犬は朝まで震えながら過ごしたという。

それから管理人の猟友会《りょうゆうかい》の知り合いを呼び、外を調べたところ、針のような毛が無数に落ちており、報告者のテントは押しつぶされるように破壊されていた。

また犬はあの怪物を噛んだせいか、口の中が傷だらけになっていたという。

半年後の後日談

その後、二〇一〇年一〇月一〇日に「変なものを見てしまった。」という同名のスレッドが立てられ、先の報告者の知り合いで、神社の息子だという人物があの怪物について語った。

この怪物はかつて山中にあった村で生まれた形態異常のある子どもを村人たちが山の神の生まれ変わりとして崇《あが》め、山の社に住まわせ、元々その社に住んでいた山神と融合させたものだという。

この怪物は山の村を迫害していた里を荒らすようになったが、次第に山の村をも荒らすようになり、山から出られないようにされた。それがあの怪物なのだとされる。

シシノケの発する憐みの言葉

シシノケという名前はスレッドの中で石川県在住の別の人物が地元地域に伝わるシシノケではないかと語っており、報告者本人が語ったわけではない。

シシノケが発する「イトッシャノウ」という言葉について、金沢の方言で「いとっしゃ」は「かわいそうな」「気の毒な」という意味になるため、「かわいそうにのう」という意味になる。シシノケの正体が人の子なのだとすれば、犠《ぎ》牲《せい》となる人間に語りかけているのだろうか。

それとも融合した山の神が、犠牲になった赤子を憐《あわ》れみ続けているのだろうか。

064

遺言ビデオ

地獄への誘い

家族へ向けたビデオメッセージ

二〇一〇年六月二四日、2ちゃんねるオカルト板に立てられた「死ぬ程洒落にならない怖い話を集めてみない？２４３」スレッドにて、あるビデオメッセージに纏《まつ》わる話が書き込まれた。

フリークライミングを趣味としていた会社員のKがクライミング中の滑落事故により死亡する。

この会社員と家族ぐるみで仲良くしていた同僚の男性は、彼に頼まれてその半年前に撮っていた、家族へ向けたビデオメッセージを遺族に見せることにした。

そのビデオは男性の家で撮られており、白い壁を背景にして、Kが残された家族への謝罪と励ましの言葉を語る様子が映っているはずだった。

映像の異変

しかし実際はDVDを再生した瞬間に異変が起こり、ヴーという奇妙な音が響くとともに一〇秒ほどの間真っ暗な画面が映り続けた。

その後、黒い画面の中にKが映り、話し始めた。彼は初めは家族への感謝の言葉を語っていたが、ところどころ雑音に掻《か》き消される。

そして言葉が自身の父や母、そして友人へのメッセージに至ったところで断末魔のような声を上げ始めた。

「僕を育ててくれたお父さん、お母さん、それに友人のみんな、僕が死んで悲しんでるかもしれませんが、どうか悲しまないでください。僕はズヴァアアアアアアアアア（娘の名前）、お父さん死んじゃっヴァアアアアアアアアア死にたくない！　死にズヴァアアアアアアアにたくないよおおおおヴヴァアアアアアアアアア、ザッ」

映像の最後には暗闇の端から何かがKの腕を掴《つか》んで引っ張って行く様子が映されていた。

それからDVDは男性の手によって除霊のため、ある霊《れい》媒師《ばいし》の下に持って行かれたが、Kはビデオを撮った時点で完全に地獄に引っ張り込まれており、何で半年永《なが》らえたのか分からない、本来ならあの直後に事故にあって死んでいたはずだと言われたという。

地獄へと連れ去られる

人間が生きたまま地獄に連れて行かれるという話は古くからある。例えば鎌倉時代の説話集『古事談』には、平安時代の武将である源《みなもとの》義家《よしいえ》が病に倒れた際、その向かいに住む女性が夢の中で地獄絵に描かれるような鬼たちが義家の家に乱入し、義家を捕らえて「無間地獄の罪人、源義家」と書かれた札を置いて出て行った光景を見た。その夢から目覚めた朝、義家の死の報せが届いたという。

また人を地獄に連れ去る妖怪に火車《かしゃ》というものがいる。基本的には死体を奪う妖怪だが、江戸時代の説話集『新著《しんちょ》聞集《もんじゅう》』には火車が生前の老婆《ろうば》を連れ去った話が載せられている。この老婆は生前ケチで人々に嫌われていたという。

このように地獄へ引っ張られる話はあるが、基本的に地獄に行くのは殺生を始めとする何かしらの悪事を働いた人間である。仏教ではよほどの悪人でない限りは死後の裁判も経ずに地獄に落とされることはめったにないとされているため、安心してほしい。

065

おおいさん

命ちょうだーい

コンビニに現れる怪異

二〇一〇年七月二二日、あるコンビニバイトの青年が遭遇《そうぐう》した「おおいさん」なる存在についての話が2ちゃんねるオカルト板の「死ぬ程洒落にならない怖い話を集めてみない？２４５」スレッドに書き込まれた。

おおいさんはその地域のコンビニ等に現れる中年男性の姿をした何者かで、もし来たら目を合わせるな、と伝わっていた。

ある夜、一軒のコンビニで勤務していた報告者は、「こんにちはー、おおいさんです」と話す客と遭遇する。報告者が目を合わせないようにしていると、おおいさんは煙草《たばこ》や食品を注文した後、報告者と、彼と一緒に勤務していた後輩を指して「どっちかの命ちょーうだーい」と告げた。

報告者がそれを断ると、今度は店内にいた三人の中学生を指し、「あそこの三人のうちの一人でいいよー。命ちょうーだーい」と告げた。

それも断ると、おおいさんは笑いながら「ははは、じゃぁ、全部もーらーおっと」と言って、針金細工を置いて行ったという。

奪われる命

それから数日後、その針金細工がミミズの這《は》うように動き出した。しかし動くのは夜だけだったという。

それが数日続いた後、ひとつの針金細工が動きを弱めた。その日、近くの交差点でバイクと車が衝突事故を起こし、中学生が一人死亡した。その際、車の運転手は暴走行為をしていたバイクの前に誰かが立ち、バイクが急ブレーキをかけてこちらに突っ込んできた、と話したという。

その次の夜、おおいさんがやってきたため、コンビニの店長は針金細工を三つとも彼に返した。

その際、おおいさんは少年の首を持ってコンビニに入ってきたが、監視カメラには首のない少年の体が映っていたという。

おおいさんが覆うもの

ミミズのように動く針金細工はカマキリなどに寄生する寄生虫ハリガネムシを思い起こさせる。

おおいさんの姿は昼間に来店した際には監視カメラに録画されていたことがあったが、顔は見ることができなかった。また、他の客は気付いていない様子だったという話も語られている。

あくまで推測だが、首なしの体と中学生の首を持ったおおいさんが同時に現れたことや、おおいさんの顔を見てはならないとされ、また昼間でもカメラに顔が映らなかったことなどを考えると、体は人間で頭だけが人間ではない化け物なのかもしれない。そして定期的に人を事故に巻き込んで殺害しては、その体を奪い、活動を続けているのだろうか。

そうだとすると、名前の「おおいさん」は「他者の体に覆い被さる」という意味で「覆いさん」もしくは「被いさん」と書くのかもしれない。

人間の頭に寄生し、乗っ取る怪物だと岩明均《いわあきひとし》の漫画『寄生獣』に出てくる「パラサイト」を思い起こさせるが、おおいさんの場合はカメラに映らなかったり、事故に遭《あ》わせて殺したりしているところを見るに、より超常的な存在なのかもしれない。

066

フェレンゲルシュターデン現象

猫の視線の先にいるもの

猫を使った実験

猫などの動物が何もない空間を見つめる現象を指す言葉。時には、猫が幽霊など目に見えない存在を見ているなどと語られることがある。

「フェレンゲルシュターデン現象」という名前は、一九五七年にドイツの物理学者リーゲンジー・シュターデン博士が発表した学説によって名づけられたという。

第二次世界大戦中、ナチスの超常現象に関する極秘研究施設において、人の目に見えない霊を探知・捕獲する研究に携わっていたシュターデン博士は、猫が時折何もない空間を凝視していることに着目した。

そこで温度計を敷き詰めた部屋に猫を放し、数週間に渡って観測を続けた結果、猫の視線上に存在するある空間だけが周囲に比べ、数度温度が低くなることが判明する。

そして別の研究班によって検証された「霊の存在する空間は周囲より低温である」とする説から「猫は霊を見ている」とし、自らの名と愛猫「フェレンゲル」から「フェレンゲルシュターデン現象」と名づけた。

でっちあげられた現象

だとネット上で語られているが、大体の場合はその後にこの話が真っ赤な嘘であるということが記されている。

元々この現象の名前は2ちゃんねるのニュース速報（VIP）板に立てられたスレッド「何　と　な　く　怖　い　現　象」にて、二〇一〇年九月二一日、一人の人物によってでっちあげられた名前である。この時点で検索サイトを使っても当該スレッドしか出てこないことから、すぐに嘘がばれている。

しかしそのいかにもありそうな名前がネットで受けたのか、現在でもたまにこの現象について語られていることが確認できる。

実際にあった心霊実験

なお、実際に幽霊の存在を可視化しようとした実験がなかったわけではない。一九世紀に始まり、欧米で流行した心霊主義もしくは心霊科学と呼ばれる思想では、様々な方法で目に見えない霊魂の存在を証明しようとした。

霊媒《れいばい》の体から出る物質と非物質の中間に当たる極微粒子「エクトプラズム」を利用し、霊の姿を物質化、視覚化させようとした実験はその代表的なものだろう。

現在では広く知られている心霊写真も欧米では目に見えない霊的存在を視覚化する方法として大きな注目を集め、心霊写真を撮った写真師の下に多くの人々が殺到したという記録も残っている。

また視覚化しないにしても霊が見える、霊の声を聞くことができる霊媒を通し、霊や死後の世界の実在を証明しようとした研究者も多くいた。

このように、猫を使わないにしても目に見えない霊的存在を証明しようとした研究者は多かった。そんな心霊研究者たちの中には、もしかしたらシュターデン博士のように動物を通して霊の存在を肯定しようとした者もいたのかもしれない。

067

仮母女

悲しき女の怨みの果てに

仮母女と呼ばれた女性たち

二〇一〇年九月二二日、怪談投稿サイト「ホラーテラー」に、ある恐ろしくも悲しい怨霊《おんりょう》の話が投稿された。

ある旅館の一室の押し入れに潜《ひそ》むという怨霊「仮母女」。黒い乱れ髪を肩まで伸ばし、和服を着た若い女の姿をしている。その目は瞳が白く濁っており、それ以外の部分は血で真っ赤に染まり、口は歯が全て抜かれている。

この怨霊の潜む部屋で男女が性行為を行うと押し入れから現れる。人間を金縛《かなしば》りにし、その間に女の方の目を人差し指で潰し、さらに子どもを産めないように子宮を潰した後その女に憑《つ》く。すると女は仮母女と同じような姿になり、性行為の相手だった男を捜し始め、男を見つけると仮母女はそちらに憑く。すると男の目は焦点が定まらず、唾液《だえき》を垂《た》れ流し、奇声を上げるという状態に陥る。

その正体は、かつて子を産めない女に代わり子を産むために金で買われた女で、それを仕切っていたのが旅館を営む地主だったという。仮母女は複数いたが、旅館の一室で男と交わり、妊娠すればその男の家で一年の間養われた。その際は人目につかないように押し入れなどに閉じ込められ、子どもを産んだら旅館に帰り、再び別の男の子を孕む、

そんな悲惨な境遇にあった。

そのため、情を交わした男と逃げたり、産んだ子を連れて消えたりする仮母女が後を絶たなかった。

怨みの果てに怨霊と化す

そこで地主は逃げないよう、また男が情を抱かないよう、仮母女たちの目を潰した。

それから二年ほど経ち、今度は仮母女の産んだ子どもたちに異変が起き始めた。目の焦点が定まらなくなり、唾液を垂れ流しながら奇声を上げるようになった。また瞳が白く濁り、視力を失う子どももいた。

その噂《うわさ》を聞き、ある僧侶がやってきた。

僧侶は死んだ仮母女らの怨念が渦巻いていることを告げ、地主に対し、小さな籠《かご》に眼球大の水晶と子どもたちのへその緒を入れるよう告げた。これは仮母女の目と、彼女らの子どもの身代わりになるもので、各々の墓に埋《う》めることで供養《くよう》となるのだという。

地主はこれに応じ、やがて仮母女たちの怨念は収まったかに思えた。しかしある時、地主がこの土地から逃げる際に墓に埋めた水晶を持ち去ってしまった。そして目に加えて歯を抜かれた、最も怨みの強い仮母女の怨霊が成仏せずに残った。

この怨霊は旅館の一室に潜み、そこで男女が性行為を行うと過去を思い出して怒り、襲うようになったという。

かごめかごめ

話の中で供養のために籠に水晶とへその緒を入れていることから、「仮母女」は「カゴ女」が転訛《てんか》したものではないかという説が紹介されている。

「かごめ」は童謡「かごめかごめ」を思い出させるが、この歌に纏《まつ》わる怪談には男の相手をさせられ、籠（廓《くるわ》）に囚われた遊女を表しているという話や、籠女と書いて妊婦を表しているという話などがある。

仮母女はこれらの話を元にして生まれたのではないだろうか。もちろんこれは怪談が創作であるとすればの話だが……。

068

あまめ

心優しき鬼子の恨み

あまめの祠 二〇一〇年一〇月三一日、2ちゃんねるオカルト板の「死ぬ程洒落にならない怖い話を集めてみない？ 252」にて、ある祠《ほこら》に纏《まつ》わる怪異が書き込まれた。

報告者によれば、三重県のある山林の奥に小さな祠があり、小さな古ぼけた巾着袋のような布でできた袋が入っていたという。祠には「あまめが眠る。開けるな」という紙切れが貼られており、近付くと祟《たた》りがあるという噂《うわさ》があった。

しかし、ある時彼の友人がこの祠を開け、中の布袋を取り出し、中身を出した。

それは黒く、小さな骨のようなもので、持ち帰ろうとした途端、喉《のど》に何かが詰まったような女性の唸《うな》り声が聞こえてきた。

それにもかかわらず、友人はそれを持って帰り、翌日に死んでしまった。

あまめの過去 実はあまめとは戦国時代、小さな村に生まれた一人の女の子で、頭に角が生えていたという。村人には鬼の子ではないかと恐れられたが、本人はいたって大人しく優しい子だったという。

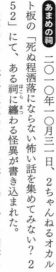

しかし村人が何かに噛《か》み千切られて殺されるという事件が発生し、あまめの仕業とされて焼き殺された。

それから村人の変死が続き、名のある僧侶が呼ばれ、祠が建てられてあまめの怒りは鎮《しず》められた。祠に封じられていたのは、このあまめの角だったという。

このあまめの呪いは角を祠に返すまで広がるのだと語られている。

鬼子という存在

この話は同じスレッドの中で創作であることが明かされており、実際には広まる呪いはない。ちなみに三重県などの方言で「あまめ」は「ゴキブリ」の意味となる。これも意図したものなのかもしれない。

あまめの過去で鬼の子ではないかと恐れられた、という話が出てくるが、実際に異形の姿で生まれた子どもを「鬼子」と呼んだという話は古くからある。例えば源 義経《みなもとのよしつね》に仕えた武蔵坊弁慶《むさしぼうべんけい》は母親の胎内に一八ヶ月もいて、生まれた時には二歳児ほどの体格をしており、髪と歯が生えていたため、鬼子だと呼ばれたという物語が『義経記《ぎけいき》』等に記されている。

江戸時代の奇談集『奇異雑談集《きいぞうだんしゅう》』には、生まれた時から三歳児ほどの大きさがあり、全身が赤く、額に目があり、口が耳まで裂けている赤子が鬼子と呼ばれ、父親に槌《つち》で殴られて殺されて埋《う》められた。しかし鬼子は翌朝になって蘇《よみがえ》り、再び殺された、という話が載せられている。

このように鬼の子と呼ばれる存在が生まれる事例はあったと考えられている。そのため、もしかすればあまめのように犠牲《ぎせい》になった存在はどこかに本当にいたかもしれない。

069

山けらし様

かわいらしい山の神

それは突然降ってきた　2ちゃんねるのオカルト板に立てられた「不可解な体験、謎な話～enigma～ Part65」スレッドにて、二〇一〇年一一月一〇日に書き込まれた山の神。

ある人物が学生時代、自転車で山を越えて家に帰ろうとした時のこと。

突然「もっもっもっ」といううめき声のようなものが聞こえ、何かが背中に落ちてきた。

その学生は恐怖から振り向くことができず、そのまま山道を自転車で上り続け、夕暮れ頃に峠《とうげ》の中腹の開けた場所に出た。

そこで足をつき、崖の方に目を向けると、小さな女の子が立っていた。少女は六、七歳ぐらいで、白っぽいシャツにフード付きの上着、そしてデニムスカートをはいていた。

こんな場所に少女がいるのは変だと考えた彼がいぶかしんでいると、少女は学生に近づいてきて、その太ももを埃《ほこり》を払うように叩いた。

そして「大丈夫だよ、安心して?」と笑うと、崖の向こうに走っていって消えてしまった。

しかしそれから背中の重みが消え、妙な声も聞こえなくなった。

山けらし様の伝承　男性は家に帰り、そのことを祖母に話すと、葉がついた枝を持ってきて、その頭を二、三回払い、「お前が出会ったのは山けらし様だ」と教えてくれた。

それによれば山けらし様は山の神様の子どもで、全部で一二人おり、男性の背中に落ちてきたものを取ってくれたのだという。また背中にいた化け物は向こうの世界に引っ張ろうとした質《たち》の悪いもので、そのままでは危なかったという。

それから男性はお礼のため、かつて山けらし様に一二足の草鞋《わらじ》を供えたという風習になぞらえ、小児用のスニーカーを二足ずつ、小遣いの許す範囲で供えていくことにしたという。

類似した山の怪　まず背中におぶさってくる妖怪は新潟県三《さん》条《じょう》市に伝わる「おばりよん」をはじめとして多くおり、全国には狐や狸《たぬき》、ツチノコなどがおんぶをせがむ話が残されているなど、ここで語られた妖怪もそのひとつだったのかもしれない。

次に山けらし様について、名前の由来は不明だが、山に現れ、他の脅威《きょうい》から人間を守り、お礼として履物を渡すという習性がある妖怪に「送り犬」「送り狼」などがいる。これはその名の通り山犬や狼の姿をした妖怪で、山道を歩く人を守ってくれ、無事に山を越えた際にお礼として草履《ぞうり》の片方を渡すと満足して去っていくなどと言われていた。

一方、山けらし様は犬や狼との関連が示されておらず、人の子どもの姿で現れる、山道をついてきて守ってくれるわけではないなどの違いがある。このため送り犬などと同じものとは言い難い。

山の神の子どもは一二人という伝承が多いため、類似した性質を持つ山の神だったのかもしれないし、送り犬などの山道の往来を守ってくれる妖怪が変質したものかもしれない。それについては現段階では断言できないだろう。

Column

二〇〇一年～二〇一〇年のネット上における「怖い話」

二〇〇一年。

世紀末を乗り越え、新世紀が始まったこの年。ネット上では、数多くの怪異たちが登場する話が語られるようになりました。これらの話はネット上の文化として、多くの場所で「怖い話」と呼ばれています。

二〇〇〇年代、怖い話が語られる中心となったのは、日本最大の電子掲示板である「2ちゃんねる」（現・5ちゃんねる）でした。一九九九年五月に開設した2ちゃんねるには、同年七月にオカルト板が設置され、翌年の八月二日には「洒落にならないほど恐い話を集めてみない？」スレッドが立てられました。現在、ネット上で語られた恐ろしい存在や物語の総称として使われるようになった「洒落《しゃれ》怖《こわ》」の始まりです。

このスレッドの趣旨は実話でも創作でも自分が体験した話でも、誰かに聞いた話でもいいから、とにかく怖い話を集めて「究極の怖い話集」を作ることでした。そのため、初代スレッドから現在に至るまで、書き込まれた話の中にはさらに出典を遡《さかのぼ》ることができる話が数多くあります。このように、二〇〇〇年代はこの洒落怖を含む様々な怖い話を語る掲示板があった2ちゃんねるを中心として、次々と名作が生まれました。

これらのネット上で語られた話の特徴として、文章によって語られる話であるため、口承で伝わる話に比べると非常に長くなる傾向にある、ということがあります。これは怪異の姿や遭遇《そうぐう》した場面が詳細に語られるなど、描写が詳細になったほか、怪異たちにその過去が設定されるものも多くあるからでしょう。怪異の背景に特定の地域や人々に古くから伝わっていた、という要素が加えられるのです。

これは一般に前近代的なものとしてイメージされる妖怪的な性質が追加されることで、もしかしたらそんな存在があるのかもしれない、という説得力が生まれることを狙ったのかもしれません。

江戸時代に作られたとされる「コトリバコ」、ある地域に封じられ、子どもや若者を犠牲《ぎせい》にし続けていたと語られる「八尺様」などが顕著《けんちょ》な例でしょう。これはコピー&ペーストにより、長い話でも簡単に他の場所に転載できる、というネットの特性に拠《よ》るところも大きいと思われます。

そしてもうひとつ、ネット上で語られる怖い話の特徴として、自分自身が直接体験した体裁で語られる話が多くなったことが挙げられます。

口承で語られる怖い話、口裂け女や花子さんなどは、～という恐ろしい存在がおり、特定できない誰かがこれと遭遇し、何らかの形で殺害された、というような、第三者が犠牲になった話として語られることが多く、体裁としては実際にあった話として語られるものの、その体験者はいない、というものが多数でした。

しかし、二〇〇〇年代に語られた話は、自分自身が体験した話として語られるものが多くなります。これは匿名掲示板や匿名投稿サイトという、現実の人間と体験者を直接結びつけることが難しいネットの特徴も関係しているでしょう。創作でも本当に体験した話でも、人々は個人の情報を特定されないまま自分が主役となる話を語ることができるようになったのです。

しかしこれによりひとつ制限が設けられました。それは、その怪異と遭遇した人間は生還しなければならないというものです。これを解決する方法はいくつかあり、「ばりばり」や「アケミちゃん」のように自力で逃げ切ったりして解決するもの。「くねくね」や「ヤマノケ」のように自身も遭遇したものの、直接被害を受けるのは一緒にいた人物とするもの。

「八尺様」や「禍垂《かすい》」のように自身が被害に遭《あ》うものの、特殊な能力や知識を持つ人物（宗教者が多い）が解決してくれるもの、などがあります。

もちろん、これらの怪異が実在すると考え、書き込まれた体験談を純粋に怖がりながら読んでいた人もいたでしょう。一方、こういった展開をお約束として、ただ単に読み物として楽しんでいた人も多かったでしょう。

しかし二〇〇〇年代に流行した怖い話は、次第に勢いを失っていきます。

この続きは別コラム「二〇一一年〜二〇二〇年のネット上における『怖い話』」でお話ししましょう。

070

でどでんこめんさん

死者が来る

江戸時代に現れた鬼

二〇一一年二月一八日、2ちゃんねるのオカルト板に立てられたスレッド「じわじわ来る怖い話33じわ目」に、この怪異は書き込まれた。

それは江戸時代の話で、ある地域に「でどでんこめんさん」という鬼が現れたという話だった。

その鬼は背が高く、肌が赤く、異様な服を着ており、「でどでん　こめん、で　どでん　こめん」と繰り返し、鬼にもかかわらずいつも怯えて震えていたため、庄屋が蔵に匿《かくま》っていたが、結局海から仲間が来て、怖がる「でどでんこめんさん」を連れて帰ったという。

これは鎖国時代、出島から逃げ出してきたオランダ人ではないかと語られているが、その後、「de doden komen」をオランダ語から日本語に変換すると、「死者が来る」という意味になることが判明した。

では、海からきてでどでんこめんさんを連れて行ったものたちは……。

さまよえるオランダ船

海をさまよう死者の話は世界中にあるが、オランダといえば「さまよえるオランダ船」の伝説が有名だろう。それとも「フライングダッチマン号」の名で知られているだろうか。

この伝説はオランダやイギリス、ドイツなどヨーロッパに伝わるが、ローズマリ・E・グィリー著『妖怪と精霊の事典』によれば、オランダに伝わる話は以下のようなものだ。

フライングダッチマン号の船長はファン・ストラーテンという、強情な男だった。彼は喜望峰《きぼうほう》として知られる岬を回り、航海するという誓いを立てたが、暴風雨により船は沈没し、その結果として死んだ乗組員と船長は呪われ、喜望峰の辺りを永遠に航海することになった。

もしこの幽霊船と遭遇《そうぐう》すると遭難の前兆であると言われている。

この他、一八二一年にイギリスの雑誌に載った話では、オランダ人の船は喜望峰を回って航海していたが、嵐が来たため乗組員は船長に安全な港へ回航するように頼んだ。しかし船長は拒絶し、嵐に突入すると、神に向かって沈められるものなら沈めてみろと挑戦した。さらに船の上に幻霊が現れると、船長はピストルで撃った。

このため幻霊は船長を呪い、船が永遠に航海を続けるようにした。そのためこの船を見ると呪われてしまうのだという。

この他、幽霊船がさ迷い続けるのは最後の審判の日まで、という話も多い。

この幽霊船の物語はリヒャルト・ワーグナー作曲のオペラ『さまよえるオランダ人』の題材になったことでも知られている。

生者を探す幽霊船

そしてこのさまよえるオランダ船の伝説が語られるようになった時期は、日本で言えば江戸時代の終わり頃になる。

もちろん喜望峰と日本は大きく離れており、フライングダッチマン号の生き残りが日本に来たとは考え難い。しかしもしかしたら、日本近海で同じように幽霊船と化したオランダ船があり、でどでんこめんさんと呼ばれたオランダ人は、それから逃げようとしていたのかもしれない。

071

夢の女

死してあなたを慕いましょう

夢に何度も出てくる女

二〇一一年五月一六日、2ちゃんねるオカルト板の「不可解な体験、謎な話～enigma～ Part69」にて不思議な夢の話が語られた。

それによれば、報告者は中学三年生の頃からショートヘアで白いワンピースを着た二〇代ぐらいの女性が、無表情で自分を黙って見ているという夢を見るようになったという。

この女性の夢は多い時で週に五回も見るが、現実世界では一切見覚えのない女性だった。

高校生の頃、報告者は法事で親戚が集まった時、叔母からたまに一瞬背後に女が見えると告げられた。それは夢に出てくる女と似ているようであったが、不気味なため地元に住むホウニンという老婆《ろうば》の下に連れて行かれることになった。

ホウニンという人物は一種のシャーマンで、報告者に対し夢に出てくる女性は彼に惚《ほ》れており、祓《はら》うことができない状態になっていると告げた。しかし危害を加えるようなことはないから、あちらから去るのを待つしかないという。

夢で守ります

その話をされてからしばらく経ち、大学生になった頃、報告者は夜中に友人たちとある峠《とうげ》に車で肝試しに行った。その峠は夜に車で通ると女が上から降ってきてフロントガラスから睨《にら》みつけると伝えられていたが、実際に通ってみたところ、後部座席の友人たちが後ろから女が追いかけてくると騒ぎだした。スピードを上げて何とか逃げたが、彼らの話によれば、女が長い髪をなびかせながら宙に浮いた状態で、頭から血を流しつつ凄《すご》い形相《ぎょうそう》で追いかけてきたという。

そしてその晩、報告者は夢で長髪の女が自分を睨みつけている夢を見た。女は顔が血まみれで、報告者は峠で追ってきた女だと確信する。

報告者が動けずにいると、彼の横からいつも夢に現れるあの女性が出てきて、血だらけの女に近付くと思いっきりビンタをかました。

それからもあの女性の夢を見ることはあったが、峠の女の方が現れることはなかったという。

死者と生者の恋愛模様

死者が生者に恋愛感情を持つ話は中国に多く、明代《みんだい》の小説集『剪灯新話《せんとうしんわ》』に収録された「牡丹燈記」、清代《しんだい》前期の小説集『聊斎志異《りょうさいしい》』に収録された「聶小倩」などが知られる。前者は日本の怪談『牡丹灯籠《ぼたんどうろう》』の元になったことでも有名。

また、日本には夫婦が何らかの理由で離れて暮らさねばならなくなり、その間に片方が死んでしまうが、死してなお生前の姿で現れる、という話がある。夫側、妻側が死人の話はどちらとも古くは平安時代の『今昔物語集《こんじゃくものがたりしゅう》』の「女死せる夫の来たるを見る語」「人妻、死して後に、本の形に成りて旧夫に會ひし語」がある。

近世の『雨月物語《うげつものがたり》』の「浅茅が宿《あさじがやど》」も類似した話であるが、これは先述した『剪灯新話』に収録された「愛卿伝《あいけいでん》」と、それを翻案した浅井了意《あさいりょうい》の『伽婢子《おとぎぼうこ》』が元になっている。

このように死者が生者を思慕する話は珍しくないが、他の霊から守るという話は中々ない。ある意味心強い味方だが、現実で恋人を作った場合などがどうなるか心配だ。

072

渦人形

笑う呪いの人形

合宿所で遭遇した人形　二〇一一年五月一九日、2ちゃんねるオカルト板の「死ぬ程洒落にならない怖い話を集めてみない？265」スレッドに、ある人形の怪異について書き込みがあった。

報告者が高校二年生の頃、ある山奥の合宿所を訪れたところ、後輩が合宿所の裏の建物に何かがいると言い、これを聞いた報告者が友人五人とともにその建物に探検に行った際にその何かが本格的に姿を現した。

その正体は和服を着た、真っ白な顔の人形で、目に当たる部分に二つ真っ黒な穴が空き、口は三日月状の穴のようなものが空いていた。また異常に長く細い首を持っていたという。

「ホホホ……」という笑い声を上げ、近付いた人間を、顔は無表情で目からは大粒の涙を流し、失禁しながら笑い声を上げるとう奇怪な状態に陥らせた。

追いかけてくる人形　報告者のことを気に入ったのか、人形は彼が建物を離れて合宿所に帰ってからも度々その姿を現し、その長い首を使って頭を揺らし、窓を叩くなどして報告者を恐怖に陥らせる。

最後、報告者は寺に避難するが、人形は報告者を狙い続け、寺の本堂まで追ってきた。

夕暮れ時、障子越しに庭に現れたそれに、報告者は恐怖するとともに怒りを覚え、泣きながら笑い続ける状態に陥りながらも燭台《しょくだい》を人形に何度も叩きつけた。その時、何かが壊れる音がしたと思うと、報告者は元の状態に戻ったという。

その後、人形の残骸《ざんがい》を調べたところ、胴体に「寛保《かんぽう》二年」という文字と、完全に燃えて文字数しか分からない作者の名前六文字が記されていた。また残った文字の痕跡から「渦人形」という名前が読み取れ、頭と胴を繋《つな》ぐ棒にはびっしりと呪術的な模様が書き込まれていたという。

災いを呼ぶ人形

「渦人形」だと意味が分からないが、文字が痕跡しか残っていなかったことを考えるに元は「禍人形」で、「禍」の左側が擦《す》れて「渦」に見えたのではないかと考えられる。「禍」の場合は「災い」と同様の意味となるため、「災いや不幸を引き起こす人形」という意味合いになろうか。

人形を使って他者を呪う方法自体は相当古くから存在し、『日本書紀』には古墳時代末期である用明《ようめい》天皇二年に豪族である中臣勝海《なかとみのかつみ》が人型の像を作り、皇族である押坂彦人大兄皇子《おしさかひこひとのおおえのみこ》及び竹田皇子《たけだのみこ》に対し呪いを行ったという記述が残されている。

ただし、渦人形の場合は人形を使った呪詛《じゅそ》ではあるものの、人形そのものが動いて襲ってきている。

動く人形については天保一二年（一八四一年）刊行の『絵本百物語』や文久二年（一八六二年）刊行の『宮川舎漫筆《みやがわのやまんぴつ》』に記載があるため、近世にはそういった考えはあったものと考えられる。

ただ寛保二年は一七四二年であるため、時代はさらに遡《さかのぼ》る。先の『宮川舎漫筆』には「作り手の精心を込めた人形には魂が入る」と語られている。渦人形は呪いの気持ちが込められた結果、生まれた人形なのかもしれない。

073

AIババア

あの世に繋がるパソコン画面

AIババアが現れる日

二〇一一年六月に発売された実業之日本社編『ギャー！　怪談&都市伝説DX』にて、学校の怪談のひとつとして「AIババア」なる存在が紹介された。

この老婆《ろうば》は四月四日午前四時四四分にある学校のパソコンルームの特定のパソコンを起動すると画面上に現れ、目の前にいる人間をあの世に連れ去ってしまうという。

フィクションの中のAIや創作物

AIとは「artificial intelligence」の略で、「人工知能」を意味する。人間のような自意識を持ち、自動的に物事を学習、処理するものや、人間が行う仕事の一部を代替し、その処理に特化したものなど様々な種類が存在する。

AIという言葉自体は今から六〇年以上前の一九五六年に使用され、それ以降研究が続けられている。

またそれ以前にも創作の世界では自我を持つ人工物の話は作られており、「ロボット」という言葉の初出となったカレル・チャペックの戯曲『R.U.R.』では、人造人間が自我を持ち、反乱を起こして人間たちを支配する姿が描かれる。

さらに遡《さかのぼ》れば一八一八年、メアリー・シェリーによって記された『フランケンシュタイン』では作られた怪物が自

我と知能を持ち、創造主であるフランケンシュタインと対立する様子が描かれている。

また、人工知能でいえば一九六八年公開の『２００１年宇宙の旅』では人工知能搭載のコンピュータ「ＨＡＬ ９０００」が自己保存のために人間を排除しようとする展開を見せる。

一九八四年公開の映画『ターミネーター』では自我を持ったＡＩ、スカイネットが人類への攻撃を行ったことが物語の発端とされている。

四時ババアと四次元ババア

このように知性を持った人工物が人間に対し攻撃性を見せる、という要素は創作では定番の要素だが、ＡＩババアはどうも様子が違う。名前こそハイテクだが、やっている行動は典型的な学校の怪談の老婆の怪と同じなのだ。

四月四日午前四時四四分など、四が連なる日や時間帯に出現する、という話は学校の怪談を含む現代の怪談に多い。これは四が死を連想させる不吉な数字と考えられる傾向にあるためだが、中でもＡＩババアに似ている老婆の怪として四時ババアや四次元ババアがいる。

老婆たちによく見られる特徴《とくちょう》だ。これらの老婆はこの時間になると鏡や四次元世界、トイレなどから出現し、子どもを連れ去ってしまう。連れ去る先も鏡の世界や四次元の他、ＡＩババアと同じくあの世という場合もある。

つまりＡＩババアはこれら老婆の怪の類《たぐい》の亜種として生まれたものと考えられる。出現場所がパソコンルームのパソコンと比定されたため、そこからの連想として「ＡＩ」が名前に付けられたのではないだろうか。

074

キャッシャ

遺体を狙う化け物

ある村に伝わる謎の風習

二〇一一年六月二〇日、2ちゃんねるのオカルト板に立てられた「死ぬ程洒落にならない怖い話を集めてみない？２７０」スレッドに、ある村の風習についての話が書き込まれた。

それによれば、その村では女性が亡くなると葬式の晩に男を一〇人集め、酒盛りをしながら蝋燭《ろうそく》や線香を絶やさず燃やし続ける風習があったという。また蝋燭は仏像を崩したような形にせねばならず、その年の番に抜擢《ばってき》された中で最も若い者が蝋燭を彫《ほ》ってその形にしていたとされる。

また、葬式が行われる家の水場や窓には様々な魔除《まよ》けの品を飾り、それらが外れないよう見張る、番人以外はその夜、たとえ家人であっても家の中に入ってはいけない、などの決まりがあった。

これはキャッシャという魔物から遺体を守るために行われていたが、ある年、若い女性が亡くなった葬式で風習を信じていない若者が窓に飾った魔除けが傾いていたにもかかわらず、放置したり、勝手に直したりしたことがあった。

するとその日の深夜にキャッシャが出現した。キャッシャは近所の人間の姿に化け、家に侵入しようとしたが、防ぐことができたという。

もしキャッシャが家に侵入した場合、死体を盗んでしまう。そして盗まれた家はもう栄えることはない。またキャッシャに気に入られた場合、その人間が死ぬと必ず家に現れる、という話もあるようだ。

火車という妖怪

ここでいうキャッシャとは妖怪、火車《かしゃ》のことだろう。火車は生前悪行を積んだ人間の死体を盗みに来るとされる化け物で、黒雲や猫の怪物のような姿で現れ、葬儀中の死体を奪っていくという話が全国で語られている。また火車が訛《なま》ってキャシャと呼ぶ例も岩手県や静岡県などで見られる。

本来、火車は地獄に堕《お》ちる人間を連れて行く使者として現れる、鬼などが引く火の車と考えられていたが、時代が下り、近世になると死体を奪う妖怪として語られるようになった。また一七世紀から一八世紀頃になると火車は猫が変化した妖怪とされる話も登場する。これは遺体の上を猫が通ると死体が起き上がるといった、猫と死体に纏《まつ》わる俗信が広く分布していたことから、同じく死体と関わる火車と結びついたためと考えられている。

他にも、時代が下るにつれて善悪に関係なくただ人間の死体を盗んでいく妖怪として語られることも多くなった。

火車と同一視された妖怪、魍魎

また火車と同一視される傾向にある妖怪に魍魎がいるが、江戸時代の根岸鎮衛《ねぎしやすもり》の随筆『耳嚢《みみぶくろ》』の中の一編「鬼僕の事」では魍魎が火車のように死体を奪う話が記されている。ここでは魍魎が人間の姿に化けて武士に仕えたとされている。

キャッシャも人間に化けて家の中に入り込もうとしているなど、過去の火車の事例と共通する能力を持つことが窺《うかが》える。一方、女性のみを狙うなど、キャッシャは火車の話ではあまり見られない独自の特徴《とくちょう》も持っているようだ。

075

あやこさんの木

切られた大木の恨み

木の悲鳴 二〇一一年七月一五日、2ちゃんねるに立てられた「死ぬ程洒落にならない怖い話を集めてみない?　273」スレッドに書き込まれた話。

　ある小学校の校庭に「あやこさんの木」と呼ばれる大木があった。

　名前の由来は不明だが、木の下にはあやこさんが埋《う》められている、あやこさんが首吊りをした、といった噂《うわさ》が語られていた。

　ある時、この大木が切られることになった。

　その当日、授業中に伐採《ばっさい》が始まったが、チェーンソーの音が響いた直後、どこからか「ぎゃあああぁぁぁぁあぁぁぁ」というすさまじい声が聞こえた。しかし、あやこさんの木が切り倒されると叫び声はやんだという。

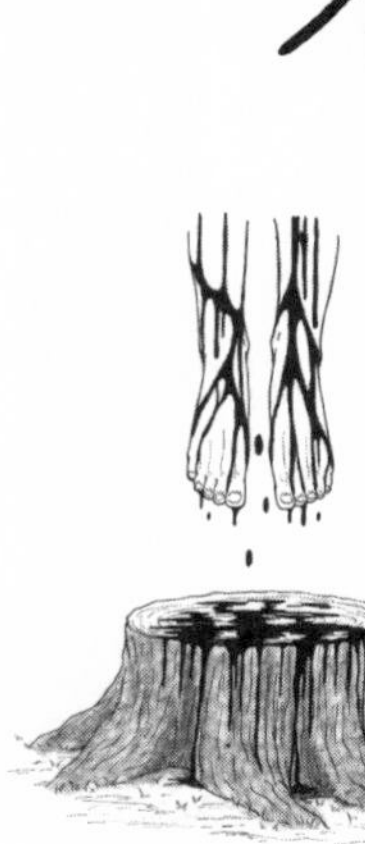

あやこさんの木は恨む その日の夜のこと、ある少年がこの学校の前を通った時、あやこさんの木の切り株の上に体育座りをしている女の子を見た。

　これはあやこさんだと思った少年は、校庭に忍び込んでこの女の子に近づいて行き、「どうしたの?」と声をかけた。

　すると女の子は顔を伏せたまま「どうして切ったの?」

と尋ねた。少年が答えられずにいると、女の子が顔を上げた。その顔は普通の女の子と変わらなかったが、見る間に怒りの形相《ぎょうそう》に代わり、切り株から下りてきて少年に近づいた。

そして少年の目の前に立つと、「どうしてだぁぁぁぁぁあぁぁぁ！」と叫んだ。その瞬間「あぁぁぁあぁぁぁぁあぁぁぁ」という、あの歪《ゆが》んだ声が学校から聞こえてきた。少年は女の子を突き飛ばして逃げ、警察に助けを求めたが、話を聞いた警察は校庭に入って女の子を抱えて出てきた。

その女の子は行方不明になっていた子どもで、無事に親《おや》許《もと》に返された。

その翌日、学校であやこさんの木のお祓《はら》いが行われ、それから何も起きなくなったという。

樹木の怪異　木が祟《たた》る、という話は古くからある。木を切ったところ赤い血が流れた、という話や、古い木には木の精や天狗《てんぐ》、大蛇などが棲《す》んでいるため、それを切ったために祟られた、という話などが多い。また切ろうとした人間の夢枕に人間の姿で現れ、木を切ることを思いとどまるように伝える話も多い。

あやこさんの木のように声を発した木の話もある。有名なものでは妙國寺《みょうこくじ》の大蘇鉄《だいそてつ》というものがあり、織田信長がこの蘇鉄を気に入って安土城に植え直させたところ、「妙國寺へ帰ろう帰ろう」と泣き声を上げた。そこで信長が部下にこれを切らせたところ、赤い血を出して身をよじらせた。これに恐れをなした信長は蘇鉄を妙國寺に返した、という話が『絵本太閤記』に載せられている。

この他にも北海道夕張郡栗山町《ゆうばりぐんくりやまちょう》には「泣く木」と呼ばれるハルニレの巨木があったが、これも切ろうとすると泣き声を上げ、伐採に関わった人間に不幸が降りかかったと伝えられる。この木は一九七〇年に酔った若者によって伐採され、現在は祠《ほこら》によってその霊が慰《なぐさ》められている。

このように古木を切ると祟りや怪異が起こる、という話は古くからあり、あやこさんの木もそのひとつだったのかもしれない。

076 空き家の獣

閉じられた部屋にいたもの

少年たちの廃屋探索　二〇一一年八月三日、2ちゃんねるのオカルト板に立てられたスレッド「死ぬ程洒落にならない怖い話を集めてみない？ 275」にて、ある人物により少年時代の体験談として書き込まれた。その概要は以下のようなものだ。

その当時、彼らの間では探検ごっこが流行《はや》っており、林や廃墟《はいきょ》、用水路など、家の近所にある様々な場所を子どもたちで探索していたという。

そんな中、少年たちは一軒の空き家を探検することに決め、ある休日の昼、他の子どもたちが穴を開けた勝手口から屋内に侵入した。

室内は埃《ほこり》が積もっているものの、誰かに荒らされた様子もなく、置き捨てられた家具や段ボールが並べられていたという。

少年たちは懐中電灯を頼りに中を探していたが、良いものは見つからない。しかし一人が本棚に隠れた引き戸を見つけ、彼らはその戸の向こうを覗《のぞ》くこととした。

謎の獣　そこには四畳ほどの和室があったが、懐中電灯が照らした先に奇妙なものがいた。

それは小学生の人間より体が小さく、その割に頭が大きかったという。その目は異常に発達しているが、鼻と口は小さい。また汚いTシャツを着ており、ズボンは穿《は》いていない。全身に赤ん坊の産毛《うぶげ》のようなうっすらとした体毛が生えており、指は四本で、異常に生臭い匂いを発していた。

この奇妙な獣たちは突然当てられた懐中電灯の光に苦しむ様子を見せ、鳥のような声で喚《わめ》いていたという。また一匹は目を掻《か》きむしり、膿《うみ》のような液体を垂《た》らしていたという。

少年たちは慌てて逃げ出し、本棚を戻してバリケードにしてこの獣たちを閉じ込め、そのまま空き家を出た。

少年たちはその空き家には二度と近付かなかったが、別の子どもたちがこの空き家を訪れた時にはその獣はもうすでにいなくなっていたと語られている。

また、現在この空き家は取り壊され、ラーメン屋になっているという。

獣たちの正体は

ここに出てくる獣はまるでJ・R・R・トールキンの小説『指輪物語』に登場するゴクリ（ゴラム）を連想させる。

光に弱いにもかかわらず目が発達しており、日の当たらない場所に住むというのもゴクリと同じだが、このゴクリは元来ホビットという小さな種族であり、それが指輪の魔力によって寿命を超える年月を生き、姿形も変わってしまったと物語の中で記されている。

そしてこの獣たちもまたTシャツを着ている、空き家に棲《す》み付いている、といった特徴《とくちょう》が語られていることから、元々は人間だったのではないかという想像もできる。

獣たちのいる部屋が本棚で閉ざされていたのは、怪物を閉じ込めるためだったのか、それとも閉じ込められた人間がいつしか怪物になってしまったのか……。

077

ヒギョウさま

孵してはいけない卵

真夜中の養鶏場

二〇一一年八月一四日、「死ぬ程洒落にならない怖い話を集めてみない？ 276」スレッドにて書き込まれた怪異。

ある少年が、島根県の邑智《おおち》郡《ぐん》で養鶏場を経営している祖父母の家に遊びに行った時のこと。

少年は祖父が夜の一一時三〇分から一二時五分頃まで家を出て母屋から離れたところにある孵化室《ふかしつ》（鶏卵を孵化器で温めて孵《かえ》し、生まれた雛《ひな》をある程度まで育てる専用の建物）に行くのを発見し、後をついていった。

すると祖父は卵の中から三つほど選ぶと、いきなりブリキのごみ箱に叩き付けた。思わず少年は祖父に声をかけてしまったが、祖父は悪いのを取っていて、そうしないと大変なことになると言って、ごみ箱の中身は見せてくれなかった。

真昼に孵った卵

翌日、少年が昼ご飯を食べていると、いつもは昼にいない祖父がいた。祖父は村の寄合に行って酔って帰ってきたらしく、昼ご飯を食べながらそのまま机に突っ伏して寝てしまった。

少年は弟とともに再び外に遊びに出たが、そこで昨日の

孵化室でおもちゃのようなものを見たことを思い出し、行ってみることにした。

しかしそれはおもちゃではなく、鏡面を赤く塗られた手鏡と、粘土で作られた牛の像、そして造花だった。

何に使うか分からないので興味をなくし、昨日、祖父が卵を捨てていたごみ箱を見てみると、何か読めない字で書かれた紙がびっしりと貼ってあった。その時、弟が卵が孵化すると言うため、二人で見ていた。

しかし生まれたのはひよこではなかった。体はひよこと同じだが、震えることも、さえずることもない。また首を振らずに歩き回り、目は人間の目と同じだった。

そのひよこは土間に落ちると、そのまま外に向かって歩いていった。しかしそれから弟の様子がおかしくなり、目の焦点は合わず、口から唾液《だえき》を垂《た》れ流す状態になった。

異常に気付いた祖父母が駆《か》けつけ、事情を聞いた祖父は急いであの異様なひよこを追いかけたが、間に合わなかったと言った。

祖父母の話によれば、あのひよこはヒギョウさまと呼ばれ、太陽が一番高い時刻に生まれる雛で、必ず殺さなければならないのだという。また夜の一番深い時刻に生まれた雛はまた別の、もっと恐ろしいものになるのだという。

弟は祖母の処置により自我を取り戻したようだったが、どこか以前の弟と違っていた。弟の記憶も持っているのに、別物に変わってしまったという。

それから二〇年以上、弟はその状態のままだという。

ヒギョウさまと言わし鶏

この話では、少年が高校生になった時、実家で養鶏場を営んでいる同級生にヒギョウさまについて聞いたところ、「言わし鶏」のことだと言ったという。

ヒギョウさまの名前は通常とは異なる形を意味する「非形」から来ているのだろうか。「言わし鶏」の由来は分からないが、弟が別物に変わってしまったということを考えると、人間に物を言わせる、つまり人に憑《つ》くなどして操ることができる化け物なのかもしれない。

078

フィンガーさん

作られた怨霊

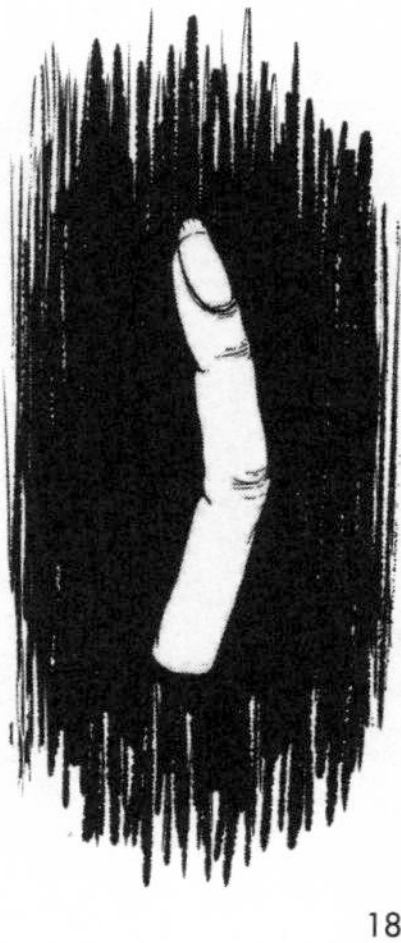

フィンガーさんとの出会い

二〇一二年一月一四日、2ちゃんねるオカルト板の「死ぬ程洒落にならない怖い話を集めてみない？ 288」スレッドにて、ある人物が子どもの頃に出会ったという不思議な存在についての話が語られた。

報告者が四歳の頃、夏休みに遠縁にあたる親戚の家に泊まっていた時、仏間の隣の部屋で真っ白な成人女性の指のような不思議な存在と遭遇《そうぐう》した。報告者はこれをフィンガーさんと呼ぶ。

フィンガーさんは床を這《は》ったり跳ねたりしており、報告者は捕まえようとしたが、なぜか部屋の外には行けないようだった。それでも何とか壁の隙間に押し込んで廊下に出したが、フィンガーさんは突然報告者の頬《ほお》を引っ掻《か》いた。これに驚いた報告者は大泣きしたが、いつの間にか気を失い、気が付くと自分の家にいたという。

以来、報告者はその親戚の家に行くこともなく、フィンガーさんのことも忘れていたが、大学時代、サークル活動で史跡を回っている時、上半身をさらに半分にしたような姿の女の怪異と遭遇する。この時、霊感のある後輩が彼女の前に突き飛ばした途端、女は地面に吸い込まれて消えてしまったという。

後輩が後に語ったところによると、報告者は何か恐ろしいものに守られており、頬に印をつけられているという。

ワラズマのこと

それでフィンガーさんのことを思い出した報告者は実家に帰った際にこのことについて尋ねた。すると、次のような話を教えられた。

フィンガーさんの正体は人工的に作られた怨霊《おんりょう》で、それを祀《まつ》ることで家を繁盛させるのだという。その怨霊を閉じ込める部屋はワラズマと呼ばれ、フィンガーさんが現れたのもその部屋だった。

ワラズマは「割らず間」と「童間」の意とされ、怨霊と部屋の一組でワラズマと呼ぶ。またこのワラズマの造り方にも法則があり、必ず仏間の隣に造る、四方を廊下で囲む、家の者以外にその存在を話してはならない、出入り口を二つから三つ造るなどが伝えられる。

しかしワラズマに人が入ると怨霊が外に飛び出し術が途切れ、部屋を開けた者は死に、その家も落ちぶれるという。

ただフィンガーさんが祀られていた部屋は手練《てだれ》の人間が造った、出入り口をなくしたワラズマだった。しかしそのワラズマにも寿命が近付いており、報告者が部屋に入れたのはそれが理由だという。

またこのフィンガーさんは報告者のことを気に入ったようで、爪で引っ搔いたのは「何があっても祟《たた》らない」という目印で、ワラズマを開けたにもかかわらず生きているのはそれが要因という。

人工的に作られた憑き物

家の盛衰に関わるという点でワラズマは憑《つ》き物の特徴《とくちょう》を持っている。特に人工的に作り出す憑き物としては墓場の土で人形を造り、それを千人の人々に踏ませて造り上げる人形神がいるが、これは祀った人間の願いを叶える代わりに、その人間が死ぬ際には非常に苦しみ、地獄へ落ちるなどという。ワラズマもそのように、人が造るゆえに大きな負の作用を持つ憑き物の一種なのだろうか。

079

アケミちゃん

恋する乙女人形

アケミと名乗る女性　二〇一二年四月七日、2ちゃんねるオカルト板に立てられた「死ぬ程洒落にならない怖い話を集めてみない？292」スレッドにて、こんな話が報告された。

時は二〇一一年の五月。大学に入学したばかりの報告者は、電車で同い年ぐらいのアケミと名乗る女の子と出会った。黒いセミロングの大変可愛らしい容姿をしていたが、話す内容の時系列がおかしいなど、不自然な言動が見られた。さらにそのバッグに中華包丁が入っているのを目撃した報告者はアケミが電話に出ている隙に電車を降り、目的地であった友人のアパートに逃げ込む。

しかしアケミがそのアパートまで報告者を追ってきて、彼に呼びかけながらアパートの扉を中華包丁でひっかき始める。この時は近隣の住民が警察に通報し、事態は収束した。

しばらくして、アケミは再び報告者の前に現れた。外で遭遇《そうぐう》したために走って逃げるも、アケミに見つかってしまう。

その際、なぜ居場所が分かるのかと問うと、「だって君のジーンズのポケットの中に『私』がいるから、どこにいてもわかるよー」と答えた。そのためポケットを確認すると、マネキンの指のようなものがあった。

思わず投げ捨てると、アケミはそれを拾い上げ、「次、私を捨てたら殺すから」と警告する。

アケミの最期

さらにアケミは報告者の家を把握しているらしく、女性とは思えない力で彼の腕を引っ張って家へと向かった。そして家に入ると部屋を片付け始めたが、報告者は彼女が髪をかき上げた際、その首筋に繋《つな》ぎ目があるのを目撃する。その部分がかみ合っておらず、動くたびにプラスチックがぶつかるような音を出していた

アケミが人間ではないことを確信した報告者は、湯沸《ゆわ》かしポットで彼女の頭を殴りつける。するとアケミの顔の上半分が落ち、鼻から下だけの顔になってもしゃべり続けていた。

それを見た報告者は逃げ出すが、アケミは片手に中華包丁を、片手に頭の残りのパーツを摑《つか》んで窓から飛び降り、追いかけてきた。報告者はパニックになりながらもアケミが「私」と言った指を思い出し、それを神社に向かって投げた。

直後、道路から車のブレーキ音が聞こえ、振り返ると人形の残骸《ざんがい》のようなものがあった。しかし、それが纏《まと》っていたと思《おぼ》しき衣服は、アケミのものであったという。また、この人形は手足や胴の関節部分を繋ぐ部品が一切なかったという。

自我を持つマネキン

アケミちゃんの正体はなんだったのだろうか。同じくオカルト板の「死ぬ程洒落にならない怖い話を集めてみない？10」スレッドには、二〇〇二年二月七日にマネキンを人間のように扱う一家の話が投稿されている。また「死ぬ程洒落にならない怖い話を集めてみない？16 1」では、二〇〇七年三月二八日に長い間人とともに暮らしていたことで自分を人間と勘違いしたマネキンの話が投稿された。

アケミちゃんも同じように誰かに人間として扱われ、自我を持ったマネキンだったのかもしれない。

080

禍垂

死者を使役する上半身の化け物

トンネルに現れた幽霊　二〇一二年四月二四日から二五日にかけて、「死ぬ程洒落にならない怖い話を集めてみない？２９３」にてある山の怪異が報告された。

　報告者が友人たちとトンネルに肝試しに行った際のこと。トンネルの入り口は大きなブロックで塞《ふさ》がれていたが、報告者は一人でその向こうへ行った。何事もなく奥まで辿り着き、戻ろうと踵《きびす》を返した時、耳元に息を吹きかけられるような生温い風が吹いた。それが何度も続くため、早足でトンネルを出た。

　しかし友人たちは報告者の後ろを見て青い顔をしている。報告者も視界の端に黒髪があるのに気付く。

　彼らは一斉に駐車場に向かって走り出したが、報告者はこのまま後ろにいる何かを連れて行けば車に乗せてもらえないと考え、意を決し、後ろを振り返った。

　そこにいたのは女だった。口はところどころ化膿《かのう》しており、鼻は右の鼻孔《びこう》から半分以上千切れかけている。目には無数のガラス片が刺さり、黒い液体が涙のように滴っていた。

　報告者は再び逃げ出して友人の車に飛び乗り、車は全速力で山道を下った。

しかし花が供えられたカーブに差しかかった時、報告者は木の上に何かがいるのに気づく。

車はさらにスピードを出して走り去ったが、それで終わりではなかった。

友人の家に帰りついた報告者が夜中に目覚めた時、背後に気配を感じた。振り返ると、そこにあの女がいた。女は何か言おうとしていたが、口の中には真っ黒な液体が溜《た》まり、声を発することができないようだった。

しかし報告者は女がかつての自分の恋人であることに気付く。彼女はあの花が供えられたカーブで事故に遭《あ》い、亡くなっていた。

女はその後すぐに消え、朝になって友人たちと相談してお祓《はら》いを受けようという話になり、友人の一人が知る霊能者と会うことになった。

霊を使役する化け物　霊能者が言うことには、報告者は元恋人と完全に縁を絶たねばならないとのことだった。その儀式は夜に早速始まり、女の霊の妨害を受けながらも何とか終えることができた。

そして後日、霊能者に呼び出された報告者は、新たな事実を聞かされる。実は元恋人の霊は報告者を恨んでいなかったが、あの山には「禍垂《かすい》」という化け物がおり、元恋人の霊を使役《しえき》して報告者を狙ったという。

そして逃げる時に花が供えられていた場所の木の上に見えたものこそが禍垂だった。禍垂は下半身がない人間の姿をしており、両手で木の枝にぶら下がっているのだという。

もしもう一度あの場所に近付いたら、報告者は今度こそ助からないと告げられ、話は終わる。

心霊スポット犬鳴峠　舞台となったのは、ブロックに塞がれているトンネルであるということや、「〇鳴峠」と語られていることから、福岡県の犬鳴峠《いぬなきとうげ》及び犬鳴トンネルだと思われる。この場所は心霊スポットとして知られ、犬鳴村と呼ばれる奇怪な村に繋《つな》がる話も有名。近年では『犬鳴村』という映画が公開され、犬鳴トンネルも登場したが、この映画でもトンネルで幽霊に襲われる場面がある。

No.

081
|
100

081

イケモ様

池を守る幼い神様

池で聞こえる不思議な声

2ちゃんねるの「死ぬ程洒落にならない怖い話を集めてみない？296」スレッドにて二〇一二年六月一日、ある池の神様についての話が語られた。

ある少年が祖父母の家に預けられていた時のこと、彼は家の裏山の、イケモ様という神を祀《まつ》る祠《ほこら》の近くにある池でよく遊んでいた。

ある時、祖父母から通ってはいけないと言われていた池への近道を使った。その道は入り口を囲むように石が並べてあったという。そして池に着き、釣りをしていたところ、「あきよへほ、あきよへほ」という声が聞こえてきたが、誰もいなかった。

そこで釣りを再開しようとすると、祖父が軽トラックに乗ってやってきて、慌てたように白い布を少年に被せ、連れて帰ったという。

家に着くまで白い布で覆われており、少年は風呂に入れられた。そこで彼はイケモ様についての話を聞いた。

生贄を求める神

それによれば、イケモ様は池を守る幼い神様で、昔はイケモ様の寂しさを紛らわさせるために子どもを生贄《いけにえ》に捧げていたという。その際に使われていたのがあ

の抜け道だった。

しかし時代が下りその習慣が失われると、イケモ様は自ら里へ下りて子どもを攫《さら》うようになった。そしてその子どもが逃げられないように足の筋を切り、ずっと側にいさせたのだという。

そのため里の者たちはイケモ様が使う道となっていたあの生贄のための抜け道に石を並べ、閉ざした。

これによりイケモ様の方からは外の世界に干渉できなくなったが、子どもの方から抜け道を使って池に行くと、その子どもに干渉できるようだ。

実際、少年の足はいつの間にか傷をつけられていた。イケモ様に目を付けられた状態では危険だということで、少年はまた白い布を被せられた。イケモ様は白いものを見ることができないためだという。そしてそのまま軽トラに乗せられたが、窓を開けた時、「きよへ」という声が聞こえてきた。

それから少年は気を失い、気が付くと祖父母の家にいた。彼らからは夢だと言われたが、あの時池に持っていった釣り道具や水筒はなくなったままだという。

イケモ様の正体は

「私の下に来なさい」「あきよへほ」は「吾」＋「来寄へ」で「ほ」の意味は不明である。ということになるだろうか。ただ
同スレッド内でも考察されているが、イケモ様の名前の由来は「池守様」であろう。池の主は多くの場合蛇神とされ、生贄を求める話もある。
白い布を被せる理由については、蛇の一部は赤外線を感じることができるピット器官を持つが、白い物は赤外線を吸収しづらい傾向にある（あくまで白い物質に赤外線を反射するものが多いというだけで、白色が赤外線を反射するわけではない）ため、それによって白い物を被せられると対象が見えないという現象が起きるのかもしれない。
もちろん赤外線云々《うんぬん》という話が昔から伝わっているはずがないので、経験から白い物を被せるようになったのだろう。

082

U先生

不気味な幼稚園教諭

光の誓い　二〇一二年一一月六日、2ちゃんねるオカルト板に立てられたスレッド「死ぬ程洒落にならない怖い話を集めてみない？305」にて、ある女性が幼稚園時代に遭遇《そうぐう》した奇怪な教諭の話が投稿された。

その女性は幼稚園の頃に「光の誓い」という童謡を歌ったことを覚えているという。しかし同じ名前の歌は存在せず、似ている名前の歌もどれも曲調が違った。

この歌を教えてくれたのは、当時女性がいたチューリップ組のU先生だった。この歌は組で人気があったが、難しい歌詞と暗い音程が続くメロディだったという。

神社と藁人形　ある日、チューリップ組の子どもたちはU先生の突然の提案で近所の神社の森に遠足に行った。

この時、園児たちはU先生に手伝ってもらいながら作った藁《わら》の人形を持っていた。

この遠足に大人はU先生しかおらず、神社に着くとU先生は森の奥へ入って行った。その内に真っ黒な三本の木のある雑木林に出たが、U先生が釘《くぎ》と金槌《かなづち》をリュックから取り出し、言った。

「皆さん！　お人形さんを木にくっつけてあげましょうね！」

U先生が手助けして藁人形が真っ黒な木に打ち付けられ、最後にみんなで「光の誓い」を歌った。歌いながら泣き出す子もいたという。また、その歌声には、お経を逆再生したような不気味な声が交ざっていたとも語られている。

時刻は夕方だったが、U先生は神社のそばにあった公園で自由時間とし、園児たちは遊んだ後に幼稚園に戻った。

翌日、発熱や怪我で何人かの子が幼稚園を休んだ。女性もその一人で、数日後に幼稚園に行くと、U先生はいなくなっていた。

女性が幼稚園の友人にU先生の行方を聞いても、分からない、幼稚園を辞めた、と答えるか、そもそもU先生やあの遠足のことを覚えていなかった。そして幼稚園のアルバムには、一枚もU先生を写したものはなかったという。

そのうち、幼稚園ではU先生の話をすることが禁止された。なぜなら、U先生の名前は、「うでちぎり」という名前だったから。

「どう考えても人間の名前じゃありませんよね？」そう問いかけがあって、この話は終わる。

藁人形の呪い U先生が何者なのかは不明だが、彼女が園児たちにやらせた藁人形を神社の木に打ち付けるという行動は丑《うし》の刻参《こくまい》りとして知られている。

もちろんこの話では昼間に行われており、丑の刻（午前一時から午前三時）ではないし、丑の刻参りには他にも様々な作法がある。また、呪う相手がいない園児たちに釘を打たせてどうなるのかも分からない。

ただ丑の刻参りなどに使われる藁人形の場合、その中に呪いたい相手の爪や髪の毛など、体の一部を入れるという方法が使われることがある。U先生は園児たちの藁人形作りを手伝っていたという。

もしその際に、誰かの体の一部を入れていたとすれば、園児たちによって打たれた無数の呪いは、その人間の下に向かうという魂胆《こんたん》だったのではないだろうか。

そして「うでちぎり」という名前がその呪いに繋《つな》がるのだとしたら。

憶測に過ぎないが、そう考えるとぞっとするのだ。

083

お狐さんの駅

山に現れる幻の駅

降りると帰って来られない

二〇一二年一二月二五日、クリスマスの夜に「∧∧山にまつわる怖い・不思議な話Part66∧∧」にてとても和風な怪異の話が書き込まれた。

ある女性が女子高生の頃、通学で私鉄を利用していた。その沿線上には大きな神社があり、巫女《みこ》の姿をした人々と乗り合わせることもあったという。

そのうち、女性はその巫女の人々と顔見知りになったが、彼女たちからこんな話を聞かされた。

この支線で山間部を通っている途中、誰も見たことがない駅が現れることがあるという。この駅は真っ暗な山の中に忽然《こつぜん》と姿を現すらしい。

汽車はその駅を通り過ぎることがほとんどだが、稀《まれ》に停車することがある。そこで駅を見てみると、駅舎やその中の施設はごく普通なのに、どこにも駅員や客の姿がない。駅名は毎回変わっているが、平仮名で表記されるという共通点がある。

改札口の向こうには山奥へ続く細い道が見えるだけで、他には何も見えない。

神社関係者の間ではこの駅は「お狐さんの駅」と呼ばれており、そこで降りると帰ってこられなくなると伝えられ

ていたという。

山の中の異界

山の中に不思議な光景が現れるという現象はいくつも語られている。柳田《やなぎだ》國男《くにお》の『遠野《とおの》物語《ものがたり》』などに登場する「マヨイガ」は山中に突然現れる大きな屋敷で、訪れた者がその家にあるものを何かひとつでも持って帰ると富を授けられるという。しかし自分から探してもマヨイガは見つからず、一度行ったことがある人間も二度行くことができる保証はない。

また「隠れ里」と呼ばれるものもある。これも山の中などにあり、この世とは別の世界で、平和で心地よい場所と語られることが多い。

一方、山中に出現するそういった不思議な世界が、必ずしも訪問者に良い影響を与えるわけではない。

例えば、山道を歩いていたところ、美しい女性に誘われ、その女性の家でもてなしを受ける。そして風呂に入って歌を歌っていたところ、知り合いに声をかけられて我に返る。すると自分が入っていたのは風呂などではなく肥溜《こえだ》めで、食っていたのは馬の糞《ふん》だったということが分かる、などの話だ。

大抵人間をこういう目に遭《あ》わせるのは狸《たぬき》やむじな、そして狐といった人を化かすとされる動物たちだった。

狐の神隠し

この話では、山中に現れる駅は「お狐さんの駅」と語られている。ネット上では「きさらぎ駅」や「月の宮駅」など、特殊な世界に現れる駅の話は頻繁《ひんぱん》に語られている。

一方、先に挙げたように狐が人を不思議な場所に誘い込む話も多い。狐が神隠しを行うという話もあり、化かされた人間が戻ってこなかったと伝えられる話もある。

汽車が走り始めたころ、狐や狸が汽車に化けた「偽汽車」の話がよく語られていた。ならば今は駅に化けて人を誘い込み、どこかへ連れ去ってしまう狐がいてもおかしくはない。

お狐さんの駅は、そんな狐に化かされる駅なのかもしれない。

084

ぷるぷるさん

背骨がプルプル

中学校に現れる生首　二〇一三年六月二五日、ある中学校に伝わる生首の化け物の話が2ちゃんねるオカルト板の「ほんのりと怖い話スレ　その95」に書き込まれた。

その生首は「ぷるぷるさん」と呼ばれており、中学校の理科室に出るという。名前の由来としては、生首から背骨をだらりと垂《た》らしており、ものすごい速さで周りを見回すので、その度に背骨がプルプルと揺れるためにぷるぷるさんと呼ばれているらしい。

また、その容貌《ようぼう》は四、五〇代の目つきが悪い男性で、数年前には学校の隣にあるアパートの二階の角部屋に出現していたという。

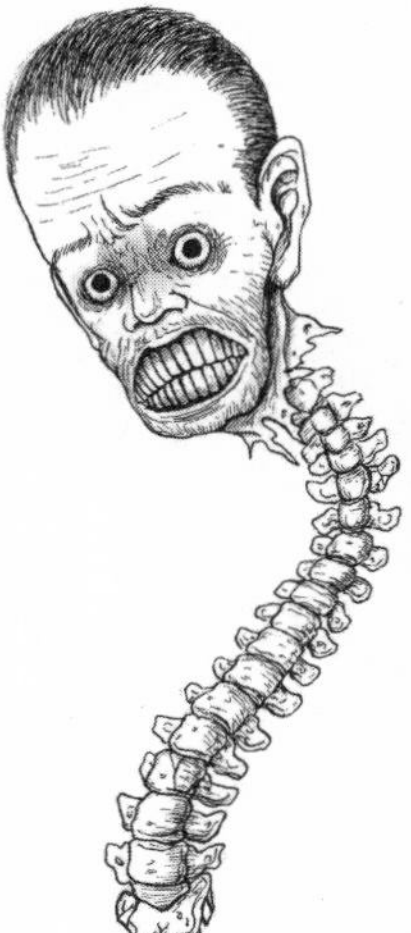

生首の妖怪　また、「ピーガスゥ」という内臓をぶら下げた女の頭が飛ぶ妖怪の話を読み、仲間じゃないかと思った、という感想も記されている。

ピーガスゥはタイに伝わる妖怪で、死者の霊ではなく生きた人間の女性の首が夜になると内臓を伴って遊行すると語られることが多い。人の頭や内臓、汚物を好んで食べ、干している洗濯物で口を拭《ふ》くなどとされる。

この類《たぐい》の妖怪は世界中におり、マレー半島やボルネオ島には同様に内臓をぶら下げた女の首が飛ぶペナンガランという妖怪が伝わる。

中国にも飛頭蛮《ひとうばん》という妖怪がおり、やはり夜になると首が胴体から離れて空を飛び回ると伝えられている。このように、世界には首が離れて飛ぶ妖怪がおり、特にアジアに多い。

そして日本の場合、こういった妖怪はろくろ首と呼ばれた。現在は首が伸びる妖怪として紹介されることが多いが、首が抜けるタイプのろくろ首も数多く伝承され、抜け首とも呼ばれる。またこのタイプのろくろ首は、大きく分けて魂が体から逃げ出し、その人間の頭の姿になって現れる場合と、物理的に首が体から離れる場合の二種類がいる。多くは寝ている間に首が抜けるとされ、妖怪というより病気として扱われる話も多い。また、小泉八雲《こいずみやくも》の『ろくろ首』では、首が抜ける一族が人を食い殺そうとする様子が描かれている。このように、ろくろ首といっても様々なバリエーションがある。


一方、首だけの姿で現れる幽霊の話も多い。こちらは主に斬首《ざんしゅ》によって殺された人間の霊とされ、死んだ時の姿で現れる。この手の話は現代に多く、学校の怪談として語られる場合は学校が建っているところが元は処刑場だった、などとされる。

背骨のついた生首

ここまで様々な生首の怪を見てきた、ぷるぷるさんの場合は首に背骨をくっつけて現れるため、かなり珍しい。死んだ時の姿として現れるのであれば、背骨ごと首を抜かれたことになる。映画『プレデター』や『真・仮面ライダー 序章《プロローグ》』などではそういったシーンがあるが、現実にやるには難易度が高いだろう。

元々アパートの一部屋にいたというので、その部屋の住人がろくろ首の体質を持っていた、という話も考えられるが、背骨をくっつけて首が抜けるろくろ首の話は知らない。結局のところ、ぷるぷるさんが一体何なのかはよく分からない。

085

ゴギョウ様

泣く子ぞ去れ

泣く子を攫う怪異

二〇一三年一〇月七日、2ちゃんねるオカルト板の「ほんのりと怖い話スレ　その97」にて語られた神。

東北地方のある地域に伝わる存在で、山の中にある注連《しめ》縄《なわ》の張られた岩の下にいるという。この岩の下を掘ると奥に向かって斜面になった穴が出てくるが、ある程度掘ると鈴の音が響き、地中から「アターヌサキー、ワーセテ、バタクサ、バタクサ」という女の声が聞こえてくる。そして穴から「ナケ、ナケ」という声が聞こえ、黒い割烹着《かっぽうぎ》を着た者たちが出てくる。

この時、泣いてしまうと割烹着の者たちに体を触られ、そのまま行方不明になる。

ゴギョウ様の正体

ゴギョウ様の正体も伝えられている。かつて、その地域には廊下を歩くと鈴が鳴る造りになっていた鈴城という城があった。城の当主は耳が大きく、おちょぼ口の男で、競り（争い）を酷く嫌った。当時、農民は土地の領有権で争っていたため、当主は土地を平等に分けて争いを終わらせた。

また、この当主は唐《とう》の生まれだったが、一部の農民たちに忌《い》まれており、ある時その農民たちが反乱を起こして当主の一族を皆殺しにし、当主を洞窟《どうくつ》に閉じ込めて殺した。

しかし、それ以降この地域では天災が続くようになり、あの当主の怨念《おんねん》によるものだということになった。そこで彼らは赤子から生贄《いけにえ》を選出することとし、二人の赤子を対面させて泣いた方を勝ちとし、最後まで残った赤子を生贄に捧げた。これは東北地方に今も伝わる泣き相撲の由来なのだという。

また、当主は口が小さかったため、当主が好きだったおかゆに切り刻んだ赤子を交ぜ、洞窟に流した。

そして、人々はその怨霊を七文字の名前で呼んだという。

しかしそれでも災害は止まなかったため、人々は怨霊の名前を「ゴギョウ様」と呼び、神として祀《まつ》った。

洞窟は岩によって封印され、生贄の風習も表上はなくなった。しかしゴギョウ様はまだ生贄を欲しているため、その山沿いに外部から人々を呼び寄せ、何も知らない彼らの子どもが生贄になるように仕向けた。もしあの岩の側で泣き声を上げると、その子どもが連れ去られ、行方不明になるのだという。

春の七草とゴギョウ様

話の最後に「セリ、ナズナ、ゴギョウ、ハコベラ、ホトケノザ、スズナ、スズシロ　是ぞ七草」と七草の名前を連ねた言葉が記された。これは一三八四年に記された梵灯庵《ぼんとうあん》の『梵灯庵袖下集《そでしたしゅう》』に元になる歌があるが、同スレッドではこれはゴギョウ様に対する警告であり、「競り泣くな　御業様はこの辺り　岩ノ下　鈴鳴る　鈴城　是ぞ七草」の意味となるのではないかと考察されている。また最後の句「これぞななくさ」を組み替えると「泣く子ぞ去れ」となる、という考察もされている。

恐らく七草と泣き相撲を組み合わせて創作された話だと考えられるが、完成度が高く面白い。

また、伝統行事として行われる泣き相撲は赤子の健康と成長を祈願するものなので、偏見を持たないようにしよう。

086

うたて沼

廃寺に潜む生きた沼

廃寺に落ちていた謎の和紙

　2ちゃんねるオカルト板の「死ぬ程洒落にならない怖い話を集めてみない？317」スレッドにて、二〇一三年一一月七日に書き込まれた怪異。

　その当時から一〇年くらい前のこと、ある男性が友人二人とドライブに出かけた際、山に向かって国道を進んでいると、車が数台駐車できそうな広場があった。そこで休憩していると、徒歩三〇分ほどのところに城跡があることが分かり、そこへ行ってみることにした。

　時刻は午後三時。夜まで時間があるため、気楽に山道を登った。途中、分かれ道があり、左に進むと城ではなく廃寺に行き着いた。

　寺の山門や塀、鐘《かね》などは撤去されており、本殿は形をとどめているが、鐘楼《しょうろう》やいくつかの建物は完全に崩壊している。

　男性らは先にこの廃寺を探検することにしたが、歩き回っても目立つものはない。しかし一人が本殿の扉を開けるとそのまま開いたため、中を覗《のぞ》くと埃《ほこり》だらけで、床には「うたて沼」と書かれた、古びた和紙が落ちていた。

　それ以外には何も見つからなかったため、男性らは紙を元あった場所へ戻して廃寺を後にした。

現れた沼の化け物

来た道を戻り、別れ道を右の方へと進むと、すぐに山の頂上へと辿り着いた。

そこには朽ちた案内板があり、「〇〇城跡本丸」と書かれ、広場のようになっている。

そこから下を覗くとあの廃寺が見えた。しかし不思議なことに、先ほどはなかった直径数メートルの黒い穴のようなものがある。

それを見ていると、ちょうど小さな動物が寺の庭に出てきた。すると突然あの黒い穴が動き、その動物を呑《の》み込むように消してしまった。

茫然《ぼうぜん》としていると、突然その黒い穴が宙に浮き、移動し始めた。そこで男性は気が付いた。穴のように見えたそれは、真っ黒で平面のよく分からない物体であることに。

その物体は山頂へ向かって進み始めたが、途中、物体とぶつかった鳥が落ちることも通り抜けることもなく消えた。しかも物体は男性たちの下に向かってきている。

物体は男性らが来た道を登ってきていたため、彼らはそちらとは正反対の方向に獣道を発見し、そこから逃げようとした。既に物体は彼らのすぐ後ろまで来ており、男性は耳に気圧差を感じた時のような違和感を覚えた。

男性らは無我夢中で逃げ、なんとか舗装《ほそう》されたところまで辿り着いた。その瞬間、突然金属質の耳鳴りのような音が聞こえ、次いで後ろから何かが弾けるような音が響いた。

振り返るとそこにはあの黒い物体はなく、爆竹を破裂させたような煙が漂《ただよ》っていたという。

古に伝わる怪しき沼

これが「うたて沼」の概要だが、「うたて」は「怪しい、気味が悪い」といった意味を持つ古語なので、黒い物体の名前がうたて沼だとすれば「怪しい沼」となり、それらしい意味になる。

当たった生物を呑み込むように消してしまう特性はスライム系のモンスターを思い起こさせるが、うたて沼は平面という他にない特徴《とくちょう》を持っている。中々特殊な存在といえるだろう。

087 クロカミサマ

恨みを晴らす黒いカミ

怨恨を晴らす儀式　二〇一四年の一月頃から突如ネット上で流行り始めた怪異。クロカミサマはいじめやパワハラなど、一方的に何か酷いことや、理不尽なことを他人にされた時に恨みを晴らしてくれる神様とされる。その姿は全身髪の毛で覆われており、夜になると外を徘徊《はいかい》するという。その活動時間帯は午前二時以降で、後述の儀式を行う人間の願いを叶えるために動くほか、クロカミサマを見た人間が善人であれば幸福が与えられ、悪人であれば災厄がもたらされると語られる。

噂《うわさ》が広まったのは東京都だが、元来は東北地方に伝わる神で、千葉県や神奈川県にも噂が流れているとされる。

儀式の方法　儀式の方法はまず自分の髪の毛を用意し、髪の毛に向かって復讐《ふくしゅう》したい相手の名前と自分がされた仕打ちを告げる。そして「自分の恨みを晴らしてくれますように」と唱える。それからビルなどの高所に赴《おもむ》き、「クロカミサマ、どうか私の無念をお晴らしください」と唱えて髪の毛を飛ばすという。

いじめられていた少女がこのクロカミサマの儀式を行った結果、いじめをしていた子どもたちが一家離散、難病に

罹患《りかん》するなどの不幸に見舞われたという話がある。しかし、この少女は別の少女にクロカミサマの儀式を教えたところ、逆に運気を失い、最後は蒸発して行方不明になったという。

髪の神と妖怪

髪の毛の神といえば徳島県の賀茂村《かもむら》（現東みよし町）のやつひめ神社のご神体であった毛髪が伸び、神社の祠《ほこら》で盗品を分配していた山賊《さんぞく》を襲った話が有名だが、復讐を手助けするという話はない。他にも髪の毛をご神体とする神社はいくつもあるが、いずれも神が徘徊して恨みを晴らすという話はない。

午前二時に髪の毛を使う呪いだと丑《うし》の刻参《こくまい》りがあるが、この場合、使うのは自分の髪の毛ではなく呪いたい相手の髪の毛である。ただ丑の刻参りの原型のひとつになった宇《う》治《じ》の橋姫《はしひめ》の伝説は、貴船《きふね》明神への祈りの末、鬼神となって復讐を遂げる女の話である。

また全身が髪の毛に覆われた妖怪だと江戸時代の黄表紙《きびょうし》などに登場する「毛倡妓《けじょうろう》」がいるが、これは創作された物語に描かれた妖怪であり、実際に現れた伝承が存在しているわけではない。

東北地方で見た者に幸福を与えるとされる妖怪だと座敷《ざしき》わらしがいるが、人を呪うために使われる話は聞かない。

そもそもクロカミサマはある日を境にして突然ネット上で話題になっていることから、誰かが創作し、広めた可能性が高い。

先述した宇治の橋姫のように神に願って復讐を遂げる話は多い。また近年の創作でも人ならざる存在に依頼して恨みを晴らすアニメ『地獄少女《じごくしょうじょ》』は、人気を博してシリーズ化している。

こういった人ならざるものを通して憎い相手を呪いたいという願望が、クロカミサマの話を生んだのだろう。

088 ケイコさん

海を見つめる女性の霊

港に現れる死者

二〇一四年五月二九日、2ちゃんねるオカルト板の「海にまつわる怖い話・不思議な話19」スレッドに、一人の幽霊についての話が書き込まれた。

その幽霊は、四国のある港町の事務所に現れたという。幽霊と言っても恐ろしげな外見をしているわけでもなく、たまに現れては儚《はかな》げな表情で遠くを見つめて佇《たたず》んでいるだけだったという。

最初は事務所の人々も驚いていたが、特に悪さをすることもなかったため、受け入れられるようになり、事務所の社長が「ケイコさん」と名付けたことで、みんなからそう呼ばれるようになった。

この会社の事務所は船着き場に併設しており、海上で作業がある時は事務所の裏手から直接船に乗り込むようになっていたが、ケイコさんはその裏手のコンクリートの縁に立って海を眺めたりしていた。時には船の甲板に立っていたこともあったという。

消えたケイコさん

そんなある日、社長と社員複数名が出航したところ、船の甲板の端にケイコさんが立っていた。ケイコさんはただいつものように遠くを眺めていたが、仕事

を終え、会社に戻ろうかという時、ケイコさんが不意に首を傾けて斜め上を見た。

その様子を見ていた社長と社員たちがケイコさんの見ている方向を見ると、目の前に巨大なタンカーが迫っており、衝突目前だった。

社員たちは大慌てで逃げ出し、社長もどうにかして回避できないかと操舵室《そうだしつ》に駆《か》け込んだが、ふとケイコさんを見るとその姿が消えており、同時にタンカーも消えていた。

それから無事に船は港に帰ったが、ケイコさんは姿を見せなくなった。結局、ケイコさんとあのタンカーが何だったのかは謎のままだという。

海の向こうへ行った愛しき人

海を眺める女性の話としては、現在の佐賀県唐津市《からつし》に伝わる松浦佐用姫《まつうらさよひめ》の伝説が有名だろう。日本最古の和歌集『万葉集《まんようしゅう》』には既に朝鮮に出征した夫を慕《した》い、山に登って海原に向かって領巾《ひれ》を振る佐用姫の歌が記されている。

この話はその後も様々な作品に取り入れられたが、江戸時代前期の『日本名女物語』では、夫が乗った船が見えなくなるまで見続け、そのまま石となってしまった、という物語が記されている。

これは中国に伝わる望夫石《ぼうふせき》という伝説の影響があるものと考えられているが、日本ではアイヌを含め各地に海の向こうに赴《おもむ》く恋しい夫を見続けて石になってしまった女性の伝説が残されている。

ここからは推測に過ぎないが、夫か子どもか恋人か、それは分からないが、ケイコさんも海の仕事、恐らくタンカー事故で親しい人を亡くした一人だったのかもしれない。ケイコさんは岩にこそならなかったものの、親しい人が去った港に留まり、時には船に乗ってその人を捜していた。

そして最後に現れたタンカーは、彼女が捜していた人物が乗っていた船だった。

再会の目的を果たしたケイコさんは、そのまま消えてしまったのかもしれない。

089

センジュさん

戸の向こう側にいるもの

センジュさんが来る

2ちゃんねるオカルト板の「∧∧山にまつわる怖い・不思議な話Ｐａｒｔ75∧∧」にて、二〇一四年一一月一六日、ある田舎町にいる怪物の話が書き込まれた。

この話の報告者がまだ小学生の頃、母親が病気で入院することになり、山間にある大叔母の家に預けられた。

その初日、報告者が大叔母の家にいると、裏の方からコココと木を叩くような音がして、大叔母が「センジュさんが来たな」と言った。

大叔母は報告者を家の裏の方に呼んだ。そこには土がむき出しで、引き戸のように引き手がついた壁が設置された空間があった。

ココココの音はその壁の向こうから聞こえ、一定の間隔を空けて定期的に鳴った後、止まる。しかし大叔母が内側から戸を叩くと、ココココと返してくる。

大叔母はこの返事があるうちは絶対に外に出てはならないと言った。

差し込まれた腕

それから三週間ほど何事もなく過ぎた頃、近所の家で漫画を貸してくれるという話になった。報告者はいつものように家の裏の戸を叩き、返事が返ってこなくなるのを待ったが、その日は何度叩いても返事がなくならない。イライラした報告者は構わず表の玄関を出ようとしたが、戸を開けた途端、一〇センチほどの隙間から茶色の毛だらけの腕が飛び出してきて、彼の腕を摑《つか》んだ。

　そのまま外に引きずり出されそうになった瞬間、大叔母が怒鳴りながら走ってきて戸を閉めた。

　その腕が戸に挟まり、何やら悲鳴を上げて外に引っ込むと、大叔母はすぐに鍵をかけた。直後、戸をこじ開けようとする音が聞こえてきたが、大叔母が必死に押さえ、やがて諦《あきら》めたのか、再び家の裏の方からコココココという音が聞こえるようになった。

　報告者はこの経験をしてすぐに自分の家に帰り、以降大叔母の家に寄り付かなくなったという。

　その後、報告者は大叔母が亡くなった親戚の集まりでセンジュさんについて聞いた。

　それによればセンジュさんは「先住さん」と書くこと、報告者の一族はあの山に外から入ってきて、昔から近隣地域から浮いていたことが分かったという。

凶悪な先住者

「先住さん」という名前からして、報告者の先祖が家を建てる前からその地域に居住していた存在であることが予想される。

　先住者が新たな居住者に危害を加える話としては、死後、自身の邸宅《ていたく》であった平安京の河原院《かわらのいん》に現れた源《みなもとの》融《とおる》の幽霊が有名だ。センジュさんのように腕を出して人を引きずり込んだ話もあり、『紫明抄《しめいしょう》』には御息所《みやすんどころ》を建物の中に引きずり込んで殺害した話が載せられており、『今昔《こんじゃく》物語集《ものがたりしゅう》』には融とは明言されていないものの、上京した夫婦が河原院で一夜を明かそうとしたところ、建物の中から出てきた妻が引きずり込まれ、家の中で血を吸い尽くされて死んでいた、という話が載る。

　このような例を考えるに、センジュさんもかつてそこに住んでいた人間の成れの果てなのかもしれない。

090

ＬＩＮＥわらし

不思議な友だち

誰も知らない女の子　二〇一五年一月一日発売のウェッジホールディングス編『本当に怖い　あなたのそばの　怖い話・怖い場所大事典』にて、「ＬＩＮＥわらし」なる不思議な怪異のことが記された。

　ある男児が友人たちとともにソーシャルネットワーキングサービスのＬＩＮＥでグループを作り、互いにメッセージのやり取りしていた。

　ある日、その男児はグループの中に見知らぬ女の子の名前が加わっていることに気付く。その女の子はよくメッセージを送ってきたため、男児は彼女とよく話すようになり、仲良くなった。

　しかしこの男児はある時、彼女はグループの誰の知り合いなのだろうということが気になり、友人たちに尋ねて回った。

　その結果、知り合いが誰もいないどころか、皆口を揃えてそんな女の子は知らないという。そこで男児が自分のスマートフォンを起動し、ＬＩＮＥを開いて確認すると、既にその女の子の名前が消えていた。

　それから女の子がＬＩＮＥの中に現れることはなかったという。

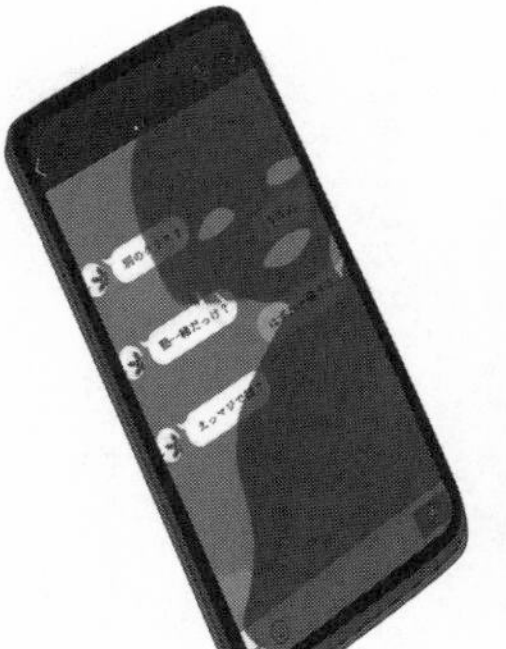

様々な座敷わらし

「ＬＩＮＥわらし」の名前は「座敷《ざしき》わらし」が由来だろう。近年では見ると幸せになれるといった話がよく知られる座敷わらしだが、実はこれ以外にもかなり多様な座敷わらしの記録が残っている。

有名なのは柳《やなぎ》田《だ》國《くに》男《お》の『遠野《とおの》物語《ものがたり》』に出てくる座敷わらしだろう。この座敷わらしは一二、三歳ばかりの子どもの姿をしており、家に住みついて他愛《たわい》のないいたずらをする。また座敷わらしに住まれた家は富貴《ふうき》に恵まれるが、去られると没落するともいう。

この他にも『遠野物語』執筆の際、柳田に遠野の伝承を紹介した佐々木喜善《ささきぜん》の『奥州のザシキワラシの話』においては、謎の侍がある家を出て行き、その頃に家が瓦解したため、この侍が座敷わらしだと言われた話、仏壇の香炉箱に座敷わらしが足跡を付けるとその家で必ず死人が出ると伝えられていた話、黒く獣のような座敷わらしが出た話などがある。

その中でもＬＩＮＥわらしに近いのが、尋常高等小学校という学校に座敷わらしが出た話だ。

現代に生きる座敷わらし

この座敷わらしは子どもたちが運動場で遊んでいると、誰も知らない子どもが一人交じって遊んでいたり、体操の時に一人だけ余分な声が交じっていたりしたことで、その存在が知られたという。またその姿は一番小さい一年生の子どもたちにしか見えなかったと言われている。

このいつの間にか見知らぬ子どもが交じっている、という要素がＬＩＮＥわらしにも共通している。ただ現代の話らしく、実際に現れるのではなく、ＬＩＮＥというＳＮＳの中に現れるのが楽しい。

座敷わらしも現代の技術の進歩に合わせ、様々な場所に現れるようになっているのかもしれない。

Column　二〇一一年～二〇二〇年のネット上における「怖い話」

二〇〇〇年代には今でも知られる数多くの怖い話が生まれたことは既に触れましたが、二〇一〇年代に入るとその数は減少します。もちろん、そういった話が語られなくなったわけではありません。「禍人形」や「イケモ様」「うたて沼」などぞっとする話はいくつも投稿されていますが、やはり絶対数は少なくなっていきます。

文化人類学者の廣田《ひろた》龍平《りゅうへい》氏が洒落怖の盛衰を追った『「死ぬ程洒落にならない怖い話を集めてみない？」略史』（KADOKAWA『怪と幽』vol.007収録）によれば、洒落怖の全盛期は二〇〇五年五月からの一年間で、それ以降も小粒な話は毎日のように投稿され、活気を保っていたものの、二〇一二年頃から投稿される怖い話のマンネリ化が指摘されるようになり、やがて投稿数は減り、荒らしが大量に現れるようになったこともあり、洒落怖は衰退したといいます。二〇〇二年にはオカルト板の住民たちが洒落怖スレッドを始め、オカルト板の主要スレッドに投稿された話を集めるまとめサイト「死ぬ程洒落にならない話をまとめてみない?」がありましたが、二〇一八年に閉鎖されてしまいました。

廣田氏は2ちゃんねるから人が流れて行った先として、創作を前提として物語が投稿される「小説家になろう」「SCP」などのサイトがあったのではないかと指摘しています。

一方、二〇一〇年代には2ちゃんねるの内容をそのままコピー&ペーストし、編集して読みやすくしたまとめブログ(コピペブログ)が活気を得ていったことを指摘しています。その是非はともかくとして、2ちゃんねるやまとめサイトに行かなくても怖い話を気軽に読めるようになったのです。

個人的には、オカルト板の利用者の減少は、これらに加えて2ちゃんねる全体を巻き込んで起きた二〇一〇年代の騒動も要因になっているのではないかと考えます。

二〇一三年には個人情報流出事件が起こり、利用者の書き込みと個人情報が丸見えになるという事態が発生しています。翌年には初代管理人である西村博之《にしむらひろゆき》氏が解任され、管理権限が移行されました。これに対抗して初代管理人である西村博之氏が新たに「2ch.sc」を開設、一部住民がこちらに移動しました。また同年にはコピペブログへの転載禁止騒動が起き、これに伴って2ちゃんねるに似せて作られた電子掲示板であるものの、書き込みの転載を許可した「おーぷん2ちゃんねる」へ一部住民が移行します。またこの騒動は二〇一〇年代、盛んにオカルト板に書き込まれた怖い話を転載していたコピペブログにも影響を与えました。このため、それ以降のコピペブログは転載が禁止されていない「おーぷん2ちゃんねる」や「2ch.sc」から話を持ってくるか、転載禁止以前の怖い話を何度も掲載するか、ということが多くなっています。これもネット上で新しい怖い話が生まれにくくなっている要因かもしれません。

そして二〇一七年には運営権が譲渡され、名前が「5ちゃんねる」に変更されています。オカルト板だけでなく、2ちゃんねる及び5ちゃんねる全体で人口減少が続いているのです。

廣田氏は「比喩的に言うならば、洒落怖は『昔話』化しているのではないか」と述べています。もはや2ちゃんねる（5ちゃんねる）で語られた怖い話は、過去から今に語り継がれるものになろうとしているのかもしれません。

しかし、ネット上で語られる怖い話がなくなったわけではありません。「きさらぎ駅」や「巨頭オ」といった過去の怖い話に登場する場所を発見したという報告があったり、迷い込んだ話がTwitter上で投稿されたことは記憶に新しいです。洒落怖スレッドもなくなったわけではなく、今も続いています。またネット外を含め、この洒落怖を始めとして過去に語られた怖い話が度々話題になり、映画や漫画、小説やテレビ番組の題材になるなどしています。

ネット怪談に限らず、怪異・妖怪が登場する物語は人気ですし、少ないながら夏になれば心霊を扱ったテレビ番組が放送されます。新型コロナウイルスが流行った二〇二〇年には、その扱われ方はともかくとして、ネットでも現実でも「アマビエ」が大流行しました。

こう見ると、たとえ二二世紀になったとしても、怪異・妖怪たちの火が完全に消えてしまうことはないのでしょう。ですから、ネット上で語られる怖い話もまた死に絶えることはなく、どんな形であれこれからも新しく生まれ続けていくことと思われます。

私は再びネット怪談が大きな活気を得ることを願いつつも、その経過を観察・記録していきたいと考えています。

091

まるまる様
その名を呼んではいけない

ワラビをくれたのは

2ちゃんねるオカルト板の「死ぬ程洒落にならない怖い話を集めてみない？ 325」スレッドに、二〇一五年一月一一日、ある山の神の話が書き込まれた。

ある男性が子どものころ、祖父が山の近くで自営業をしていたため、祖母や母親とともに山に登ってワラビを採り、調理して食べるということがあった。

当時小学校の高学年だった男性は、祖母と二人でワラビを採っている時、誤って山奥に入ってしまった。その際、綺麗な川が流れているのを見つけたが、その周囲の平たい岩にたくさんのワラビが置かれていた。

その時、大きな猿のようなものが彼の前に現れた。猿の体にはまだらに苔《こけ》が生えており、不思議と威厳《いげん》を感じる雰囲気があったという。

猿はじっと男性を見ていたが、どことなくワラビをやると誘っているような感じがした。しかし怖くなった男性はすぐに逃げてしまった。

まるまる様

そして山を下り、祖母にそのことを話すと「まるまる様が目をかけてくれたんだね」と言われた。

まるまる様には本来別の名があるが、名前に力があり、言うだけで呼ばれた対象から力を持っていく、という考えから、本当の名前は言ってはならないとされていた。そのためにまるまる様と呼ばれているという。

祖母はその本当の名前を地面に書いて教えてくれたが、カタカナで書かれているはずのそれは、不思議と発音ができない名前になっていたとされる。

また、まるまる様はどこの山にもおり、欲しいものをくれ、体が大きく、苔が生えている、という特徴《とくちょう》があるが、見える姿はその時々によって違うという。


本名を呼ばない風習　日本ではかつてその人物の本名を諱《いみな》と呼んだ。これには本名はその人物と霊的に強く結びついているものであり、その名を呼ぶことでその人を操ることができる、といった考えがあった。このため人の本名を呼ぶことは家族や主君に限られ、通常は大変に失礼なことだとされた。この風習は実名敬避俗《じつめいけいひぞく》と呼ばれる。

まるまる様の実名を呼ばないのもこれに類するものかと思われるが、本来の名が発音できない理由は不明。

山の神や妖怪が何かしらの食物や器物を与えてくれるという話は多く、それによって富を得た話もある。

まるまる様もそういった山の怪のひとつだったのかもしれない。

092

十和田湖の龍神

今も残る龍神伝説

十和田湖に現れた龍

2ちゃんねるの「死ぬ程洒落にならない怖い話を集めてみない？326」スレッドにて、二〇一五年四月二四日、青森県十和田市《とわだし》と秋田県鹿角郡《かづのぐん》小坂町《こさかまち》にまたがる十和田湖に現れた大蛇の話が語られた。

それによれば、ある男性が十和田湖に遊びに行き、湖に飛び込んだところ、溺《おぼ》れかけた。

その際に足元に大きな大きな白蛇が現れ、男性を浅瀬へと運んでくれたという。驚いた男性は地元の漁師に十和田湖にいる未確認動物のことを聞いたところ、灰色の龍神がワカサギの群れを追いかけるのを見た人がいたという。

また、漁師は最後に「龍神様は見た人間の一番嫌いな奴を殺すんだ」と教えてくれた。そこで男性は自分が一番嫌っていたのが実の母親であったことを思い出したが、その休み明けに母親が倒れたという連絡を受けた。彼の母親は昔からガンに侵されており、その治療費などのせいで結婚も諦《あきら》めていた男性は、そのために母親を恨んでいたが、母親が苦しんでいるのを見ると、自分の命を母親に分けてあげたいと思うようになっていた。

しかし、転移していた母親のガンはどんどん小さくなり、最終的に自然に消えてしまうという通常ではありえないこ

とが起こり、退院した。

これは十和田湖の龍神が救ってくれたのだと、男性は考えているという。

十和田湖の龍神

この話の舞台である十和田湖には二柱の龍神の伝説が残されている。

元々十和田湖は八郎太郎《はちろうたろう》という人物が作った湖だと伝えられている。八郎太郎は元来普通の人間であったが、ある時仲間内の掟《おきて》を破り、仲間の分のイワナを一人で食べてしまった。すると猛烈に喉《のど》が渇き、川の流れをせき止めるようにして七日七晩に渡って水を飲み続け、いつの間にか龍の姿になった。人の世界に戻れなくなった八郎太郎は、十和田山の山頂に湖を作り、ここに住み着いた。これが十和田湖だという。

その後、南祖坊という僧侶が熊野《くまの》権現《ごんげん》の導きで十和田湖を訪れ、八郎太郎と争った。この際、南祖坊は九頭の龍に変化し、八郎太郎に打ち勝つ。

そして八郎太郎は十和田湖を去り、南祖坊は龍の姿で湖に沈んだ。十和田山青龍大権現として今も十和田神社に祀《まつ》られている。また八郎太郎はその後、秋田県西部の八郎潟《はちろうがた》に住んだという。

十和田山青龍大権現

これらの伝説から見るに、十和田湖で男性を助けたのは十和田山青龍大権現こと南祖坊だったのではないかと考えられる。自分の姿を見た人間の一番嫌いな者を殺す、という話は見当たらない。八郎太郎と南祖坊の伝説はどちらを主人公とするかで悪役が入れ替わる傾向にあるため、南祖坊を悪役とした伝説がそういった話を生んだのかもしれない。

しかしこの話を見るに、龍神は男性の母親を助けているため、簡単に人の命を奪う神ではないようだ。

093

カゴカキ

右を見続ける運び屋

江戸時代のカゴカキ

2ちゃんねるオカルト板の「死ぬ程洒落にならない怖い話を集めてみない？ 327」スレッドにて、二〇一五年七月五日に書き込まれた怪異。その話は、江戸時代まで遡《さかのぼ》る。

岡崎城《おかざきじょう》の城下町、現在でいう愛知県岡崎市においての話。当時、この町ではカゴカキと呼ばれる駕籠《かご》を担いで人を運ぶ職業の人々がよく行き交っていた。

そんなカゴカキの中で、ある時から妙なカゴカキが出始める。

このカゴカキは中に客を乗せながら、駕籠を前で背負っている者も、後ろで背負っている者も、どちらも右側を向いていた。

すれ違う町民が何を見ているのだろうとそちらを見ても何もない。しかしいつ見てもこのカゴカキたちは右側を向いているのだという。

また、このカゴカキは客を乗せた場所も降ろした場所も誰も知らず、客の正体も不明で、城下町でよく目撃される怪異として有名になった。

現代のカゴカキ

そしてこの怪異は現代でも出現するらしく、

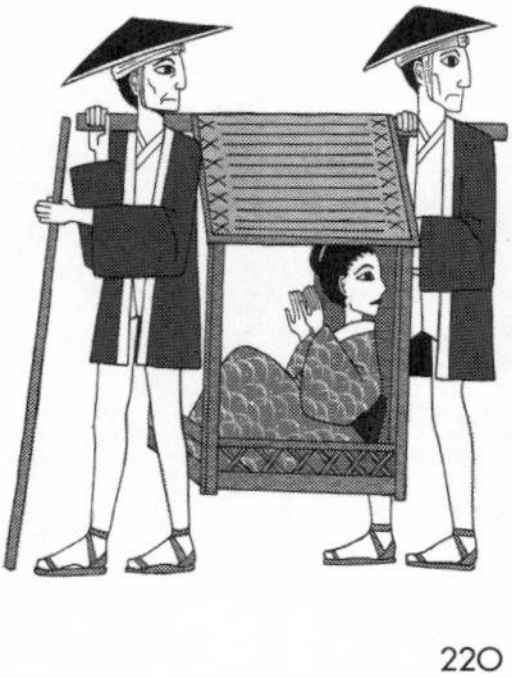

今は工場の送迎バスらしきバスの運転手の姿をしているとされる。

このバスの運転手は常に右を向いたままバスを運転し、危険運転だと思って見ていると、車窓から見えるバスの乗客であろう工場作業員と思《おぼ》しき者たちも全員右を向いているのが見えるという。

そしてこれと遭遇《そうぐう》すると頭の中でお経がこだますると言われている。

駕籠の怪異たち

カゴカキは駕籠舁と書き、駕籠を背負って運ぶことを生業《なりわい》としていた人々を指す。江戸時代には全国に存在した。

駕籠の妖怪は過去に例があり、『西鶴諸国《さいかくしょこく》ばなし』には美しい女が乗った駕籠がどこからともなく現れ、女を外に出そうとすると駕籠から蛇が飛び出し、嚙《か》みつく。また駕籠そのものが運び手もなく空に舞い上がり、飛んでいったなどと語られている。

また、同じく江戸時代の『諸国百物語』には駕籠に幽霊を乗せた話がある。この幽霊はある屋敷まで連れていくように頼み、金を取りに行くと言って屋敷に入ったので駕籠舁が待っていたところ、一向に出てこないので屋敷の者に事情を聞くと、その客は既に死んでいたことが分かる、という話になっている。

この類《たぐい》の話は現代でもタクシーに乗る幽霊として語られている。

このように、駕籠とその中の客が怪異である例も、駕籠から自動車へと怪異が活躍の場を移す例もあるが、客も駕籠舁もどちらも怪異というパターンは珍しい。また、いつも右側を向いているという理由も不明である。ただ読んだ限りでは誰かに危害を加えるということもないようであるため、ただ何者かが人間の真似をしているだけなのかもしれない。

094

ゾルタクスゼイアン

人工知能が語る世界

Siriの語る謎の情報

iPhoneを始めとして、アメリカのコンピュータ会社「Apple」の一部製品に搭載されているバーチャルアシスタント「Siri」。二〇一五年頃、このソフトウェアに対し特定の質問をした際に「ゾルタクスゼイアン」という謎の名前が登場することで話題になった。

現在Siriから返ってくる反応の中で判明している情報としてはゾルタクスゼイアンは六〇〇〇年程前に遠い銀河で人気があったテレビ番組に出てきた架空の惑星で、チョコレートの川や木、湖などがあり、サンタクロースや妖精、ユニコーンなどがいるという説明がある。

またゾルタクスゼイアン人やゾルタクスゼイアンフクロウという種族の名前が語られることもある。

またゾルタクスゼイアン関連の話だと「卵が大好き」「卵運びテストで抜群の成績だった」といった卵に関連する回答が多いのも特徴《とくちょう》である。

このように、ゾルタクスゼイアンやそれに関連する情報でひとつの世界観のようなものができあがっている。

ゾルタクスゼイアンの正体は

これらの謎めいた情報から、ゾルタクスゼイアンは人工知能の秘密結社である、人工知能が人類を選別し、支配し始めるといった説まである。

しかしここで注目したいのは、ゾルタクスゼイアンの言葉に「卵」に関する話が頻繁《ひんぱん》に登場する点だ。特に西洋において卵が重要なアイテムとなり、卵運びなどの行事が行われる日がある。それが「復活祭」すなわち「イースター」で、この日を祝うために使われる卵は「イースター・エッグ」と呼ばれる。

そしてイースター・エッグにはもうひとつの用法があり、コンピュータのソフトウェアやテレビゲームなどにおいて本来の物語や目的などとは無関係に入れられた隠しメッセージや隠しゲームなどを指す。これは元々復活祭において隠した卵を捜す遊び、エッグハントが転じてコンピュータ等の隠し要素を表す名前として使われるようになったという。

イースター・エッグ このイースター・エッグは特定の文字列を打ち込んだり、特定の操作を行うことで表示させるものが多い。ゾルタクスゼイアンもその一種なのではないかと考えられる。実際、アメリカの新聞社ニューヨークポストが二〇一四年五月一八日に掲載した記事「iPhone's Siri has a wicked sense of humor（iPhone の Siri は洒落たユーモアセンスを持っている）」では、「ゾルタクスゼイアンは Siri のイースター・エッグだ」と表現しているのが見てとれる。

このため、個人的にはゾルタクスゼイアンは Siri というソフトウェアの隠し要素であり、それを示唆《しさ》するためにその世界観に卵運びといったイースター・エッグを連想させる言葉がちりばめられているのではないかと考える。ゾルタクスゼイアンは人間を支配しようとする人工知能ではなく、製作者たちの遊び心が生んだものなのではないだろうか。

095

囁く声と黒い影

出会ってはならぬ水面の人影

水面に立つ黒い影　2ちゃんねるオカルト板に立てられたスレッド「死ぬ程洒落にならない怖い話を集めてみない？ 333」にて、二〇一六年三月三〇日、「囁《ささや》く声と黒い影」と呼ばれる海の怪異についての書き込みがなされた。

これは船乗りに伝わる、夜、船に乗っていると人の囁き声が聞こえてくる現象だという。その声は小さく、どんな話をしているのかは分からないが、この声が聞こえた時には必ず水面に立つ人影が見える。

この影は波があっても動かず、顔を見るとよくないことが起こると伝えられる。

また、実際にこれと遭遇《そうぐう》した若い船乗りが最近、影が近づいてきている気がすると言い、その船乗りはある夜に船に乗っている時に船が沈んで死んでしまったという。

水死者の成れの果て　日本全国には海上に出現する幽霊として船幽霊《ふなゆうれい》と呼ばれる怪異が伝わっている。

これらは水死者の霊の成れの果てとされることが多く、その姿や性質は伝承地によって様々だが、海にいる船に近づいてきて、柄杓《ひしゃく》を貸すように要望し、その通りにすると柄杓で船に水を汲み入れ、沈めてしまうという話が有名。

これを防ぐため、底を抜いた柄杓を船に用意するという風習もあった。

しかし伝承によっては姿は見えず声だけが聞こえる、怪火となって現れる、船の幽霊として出現する、など様々に語られている。

また船幽霊と類似した妖怪に海坊主《うみぼうず》がいる。これも地域によってその姿、性質は様々だが、水死者の成れの果てであったり、柄杓を貸せと言ってくるため、貸すと船を沈められたりと船幽霊と同様の行動が語られることが多い。また、囁く声と黒い影と同じように真っ黒な人型の姿で現れる話も残る。他にも人間より遥かに巨大な怪物が海坊主と呼ばれている例もある。

これらは海に現れた怪異・妖怪を船幽霊や海坊主の名で伝承しているため、名前が共通した様々な伝承が残されているのではないかと考えられる。

他にも姿を見ただけで被害があるとされる存在に伊豆七島に伝わる「海難法師《かいなんほうし》」がいる。これは江戸時代、島民によって海に沈められ、殺された悪代官の怨霊《おんりょう》で、その姿を見るとこの悪代官と同じ死にざまを晒《さら》すと言われている（「海からやってくるモノ」も参照）。

その正体は　このように水死者が幽霊や妖怪と化した存在との共通点が見られることや、形としては人影の姿で現れることから、囁く声と黒い影もこれと類似した存在なのではないかと考えられる。
しかし怪談中ではその正体には一切触れられていないため、あくまで推測に留めるのみとしておく。

096 コワモテ様

子どもたちを守った邪神

手作りの邪神　二〇一七年二月一四日、ある人物が小学生の頃、友達と一緒に邪神を作ったという話が2ちゃんねるオカルト板の「不可解な体験、謎な話～enigma～ Part101」というスレッドに書き込まれた。

当時、彼らは小学三年生だった。学校でこっくりさんや口裂け女が流行していたことで、怖い話を創作する子どもたちが続出したという。

そして、報告者を含む三人の少年たちが邪神を作ろうと計画した。これはクラスの人気者になりたいという子どもらしい動機であったが、少年たちは空き地に落ちていた割れたボールや洗濯ばさみなどの廃材を組み合わせ、邪神を作った。それは子どもの目に見てもお粗末《そまつ》な姿であったが、雰囲気を出すために少年たちは学校の裏山にプラスチックの箱で祠《ほこら》を作成し、食べ物を持って行って供え物とした。

それから数日後、一人がこの邪神の依代《よりしろ》と名前を決めようと言い出し、三人は話し合った結果名前を「コワモテ様」と決めた。これはあるRPGゲームのキャラクターに名前がなんとなく似ていたからだという。

また、依代は朽ちかけの木の板に墨で「コワモテ様」と名前を書いただけのものだったという。

コワモテ様との別れ　それから半月が経とうとした頃だ。夏の終わり頃、三人は防波堤に釣りに行こうという約束をした。

しかしその当日、三人は一斉に熱を出し、寝込んでしまう。

そしてその翌日、防波堤で死体が見つかったという知らせがあった。自殺か他殺かは定かではないが、酷い有様だったという。もし、約束通り防波堤に行っていたら死体を目の当たりにしていたかもしれない。そう思うとぞっとしたという。

さらにその翌日、三人がコワモテ様の下に行くと、彼の体となっていた廃材がばらばらに散らばっており、依代の朽木はなくなっていた。コワモテ様が死んだと思った三人はコワモテ様と祠を埋《う》め、石を載せて墓を作った。

それから長い時が経ったが、報告者は今でもコワモテ様が彼らを助けてくれたのだと信じているという。

人形が人を守ること　人形を身代わりにして災厄を防ぐという思想は古くからあり、現在も流《なが》し雛《びな》や大祓《おおはらえ》の際の人形（形代）を流す風習が見られる。

また、身代わりにするのではなく、人形を神として災厄を防ぐ例もある。秋田県の中南部で見られる「鹿島様」と呼ばれる道祖神《どうそじん》が確認でき、その姿は巨大な藁《わら》で作られた人形である。また秋田県では他にもニンギョ様、ニンギョウ様といった人形の道祖神が見られ、集落の端に置かれて外から入ってくる災厄などを防ぐとされている。

このように、人を守るために作られた人形たちがいる。

コワモテ様は子どもたちの思い付きで作られた人形の神であった。それでも毎日供物を持ってくる子どもたちに何か思うところがあったのだろう。そして自分の身を犠牲《ぎせい》にして子どもたちを危険から遠ざけてくれた。単なる偶然で片づけられるとしても、私もそう信じたいと思うのだ。

097 肉
徘徊する肉塊

リゾートに出現する肉　二〇一八年八月三日、その不気味な不気味な存在は「死ぬ程洒落にならない怖い話を集めてみない？ 351」という2ちゃんねる（2ch.sc）オカルト板のスレッドに書き込まれた。

ある男性が海沿いのリゾートで一年間バイトをしていた時のこと。

そのリゾートには敷地内に広い散策路があり、夜間は不法侵入する人が絶えない場所だったという。

そのため、一周すると二時間はかかる敷地を社員やバイト、警備員の夜勤担当の二人組が交替で見回ることになっていた。

そんな夜勤の説明において、「肉」の存在が語られた。

この「肉」は敷地内に現れる化け物で、遭遇《そうぐう》するとはじめの一度だけ体調を崩すが、それ以外に害はないという。

そして男性が夜勤業務についたその二日目にして「肉」は現れた。

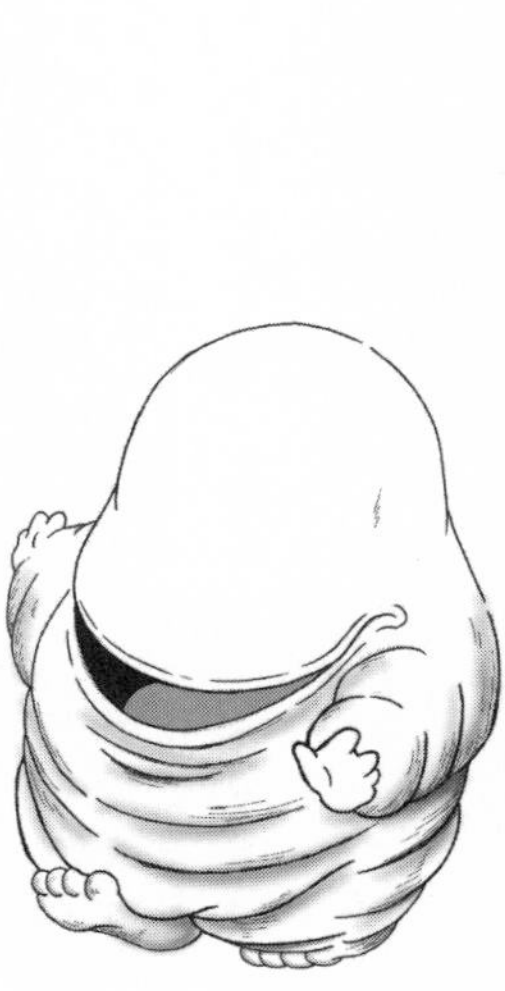

肉を見た者は体調不良を起こす　男性が先輩職員と遊歩道を歩いていると、懐中電灯の照らす先に不気味な物体が現れた。

その姿は幼稚園生程度の身長で、衣服は身に着けていいない。色は肌色で、頭と首と胴体の境目が分からないずんぐりとした体形をしており、全身から伸びた皮が垂《た》れていたという。

手足は短いもののはっきりしているが、顔の器官は不明瞭で、目も鼻もどこにあるかも分からないが、かろうじて口のようなものは見えるものの、それは人間で言うところの腹の辺りについていたという。

先輩職員は「あ、肉だ。避けろ」と言って、男性を引っ張り道を外れた。

「肉」はゆっくり歩き、男性と先輩職員をすれ違い様に一瞥《いちべつ》して通りすぎていった。その際に非常に甘い匂いがしたという。

それから男性は三日間休暇を取らされたが、「肉」に遭遇した翌日の昼から酷い発熱と下痢《げり》が起き、二日ほど何も食べられず寝込んだ。

そして一年間のバイトの中で、「肉」を見たのはその一度きりだったという。

過去に残された肉たち　これが話の概要だが、似たような姿の妖怪は古くから伝わっている。江戸時代の妖怪絵巻『画図百鬼夜行』には「ぬっぺふほふ」、『百怪図巻』には「ぬっへつほう」という、丸い肉の塊《かたまり》に顔のようなものがつき、短い手足が生えた化け物が描かれている。これらは絵があるのみで、伝承などは記されていない。

同じく江戸時代の随筆『一宵話《ひとよばなし》』には「肉人」と呼ばれる小児のような形の、指のない手を持った妖怪が出現したという記録が記されている。肉人は慶長一四年（一六〇九年）の駿府城《すんぷじょう》の中庭に現れたが、当時城に住んでいた徳川家康によって追い出され、山に捨てられた。

後に話を聞いたある人が、その肉人は古代中国の『白澤図《はくたくず》』にも載る「封《ほう》」という存在で、肉を食べると力が大いに増すものだったのに、と惜しがったと記されている。

リゾートに現れた「肉」もこの類《たぐい》のものだったのだろうか。しかし、ぬっぺふほふや肉人と遭遇して病気になったという話は残されていない。

098

トラ

トラがあなたを守ります

子どもを誘う肉屋の怪

2ちゃんねる（2ch.sc）オカルト板に立てられた「死ぬ程洒落にならない怖い話を集めてみない？351」スレッドにて、二〇一八年八月一九日、ある人物が幼い頃に体験したという不思議な話を語った。

当時から三〇年程前のこと。東京都の調布《ちょうふ》市《し》で、少年時代の投稿者が図書館から帰宅する途中、いつも左折する十字路で違和感を覚えた。

よく見れば幼稚園の前にいつもはない木造の肉屋がある。おかしいなと思っていると、一緒にいた母親はその肉屋に入ってしまった。少年は後を追ってその中に入ったが、肉屋と看板を掲げているものの、中には野菜も売られており、小さなスーパーのような店だった。

店の中央付近まで来た時、不意にシャン、シャンと錫杖《しゃくじょう》の音が鳴り、突然視界から色がなくなり、何もかもが灰色の世界になった。

そして奥の精肉コーナーから獣の気配がし、今にも襲ってきそうな感覚があり、少年は肉屋から逃げ出した。

私はトラ

逃げ続けて十字路の灰色の交差点を渡った時、色のない世界でただ一人、真っ赤な着物を着た女性と遭遇《そうぐう》した。女性は妙齢にも、老婆《ろうば》にも、童女にも見える不思議な姿をしていた。

彼女は少年に優しく微笑むと「私はトラ。トラがあなたを守ります」と告げ、その瞬間少年の恐怖心は和らいだ。そして肉屋の方を振り返ると、いつの間にか色を取り戻しており、交差点の向こうから母親が走ってくるのが見えた。

少年が元の世界に戻してくれたお礼を言おうと振り返ると、トラの姿はもうなくなっていた。

それから少年があの肉屋を見ることはなかった。高校生になった少年は、あの肉屋の後ろにあった幼稚園に行き、そこの先生に肉屋について尋ねた。

先生はそんな場所は知らないと言いつつ、昔から同じようなことを聞かれる、と言った。つい先日も小学生ぐらいの女の子が同じようにこの先生に尋ねたが、その内容はここに養鶏場がなかったか、だったという。

草食動物の世界

これが「トラ」の概要だ。トラが何者だったのかは示されていないが、少年が不思議な世界に迷い込み、そこから助けてくれる存在だったのは確かなようだ。

神隠しにあった人間を助ける存在として不思議なものが登場する話は古くからあり、天狗《てんぐ》や神が元の場所に帰してくれた、という話はいくつも神隠しの体験談として語られている。近年でも時空のおっさんなどがそのような行動をする。

またこの不思議な世界については、視界が灰色になったこと、獣に追われること、舞台が肉屋であることなどを考えると、人間に食肉とされる草食動物の立場になる世界に入ったのではないかと推測ができる。牛などの動物の視界は人間で言えばモノクロに近いと考えられているし、最後に出てくる養鶏場も、人に食われる鶏を育てる場だ。

いわば捕食者が被捕食者になる、そんな世界で、同じ捕食者である虎の名前を持つ存在に助けられる、そんな話なのではないだろうか。

099

黒長さん

令和に生まれた呼び出す悪霊

黒長さんという遊び

時代は令和を迎えた二〇一九年の一〇月三日、この怪異は電子掲示板2ちゃんねる（2ch.sc）の「死ぬほど洒落にならない怖い話を集めてみない？356」スレッドに書き込まれた。

それによれば、黒長さんは「こっくりさん」や「さとるくん」のような遊びで、成功するとなんでも願いが叶うものだと言われていた。

その方法は次のようなものだった。

まず塩水を用意し、部屋の全ての扉と窓に鍵をかける。そして携帯またはパソコンのホーム画面を黒の単色に設定する。次に掲示板かSNSに「黒長さん黒長さん、お待ちしております」と書き込む。その後、同じく黒長さんをやっている相手が「黒長さん黒長さん、〇〇（呼ぶ側）くんが呼んでいます」と書き込む。一時間待った後、三〇分以内にもう一人に「黒長さん黒長さん、ありがとうございました」と書き込んでもらう。最後に書き込みを確認したら、すぐに塩水を飲み干す。

ルールを破った者は

ただし、いくつか注意点があり、終了するまでは決して黒一色にしたホーム画面を覗《のぞ》いてはならない、終了するまでは決して部屋を出てはならない、儀式の途中で抜けてはならないという。

この儀式の途中で誤ってホーム画面を見てしまうと、背中に冷たい、ムカデが這《は》い回っているような感触がする上、何者かが鍵をかけた扉を叩き、ドアノブを激しく回すなどの現象が起きる。これは数日間続き、この現象に遭遇《そうぐう》した者は身動きが取れなくなってしまうと語られている。

霊を呼び出す儀式

この怪談では「こっくりさん」や「さとるくん」に似た遊び、と語られており、「黒長さん黒長さん、お待ちしております」などの文言は「こっくりさん、こっくりさん、おいでください」や「さとるくん、さとるくん、おいでください」といった、こっくりさんやさとるくんを呼び出す際の文言に類似している。また儀式の途中で余計なことをすると害が及ぶ、という話もこっくりさん、さとるくんに見られる要素だ。

一方、こっくりさんやさとるくんは呼び出したところで願いを叶えるのではなく、どんな質問にも答えてくれるとされる存在であるため、黒長さんとは明確に異なる。またこっくりさんはその場で、さとるくんは公衆電話から自分の携帯電話に電話をかけることで対象の霊を呼び出すが、黒長さんは電子掲示板やSNSなど、インターネットを経由した呼び出し方になっている。

この本でも紹介している「幽霊だけど何か質問ある?」など、幽霊がネット上に現れたり、電子機器に出現する例は案外多い。黒長さんも電子の海にいる様々な霊に居場所を知らせ、呼び寄せる儀式として想定されているのかもしれない。

100

アマビエ

コロナ禍で生まれ変わった予言獣

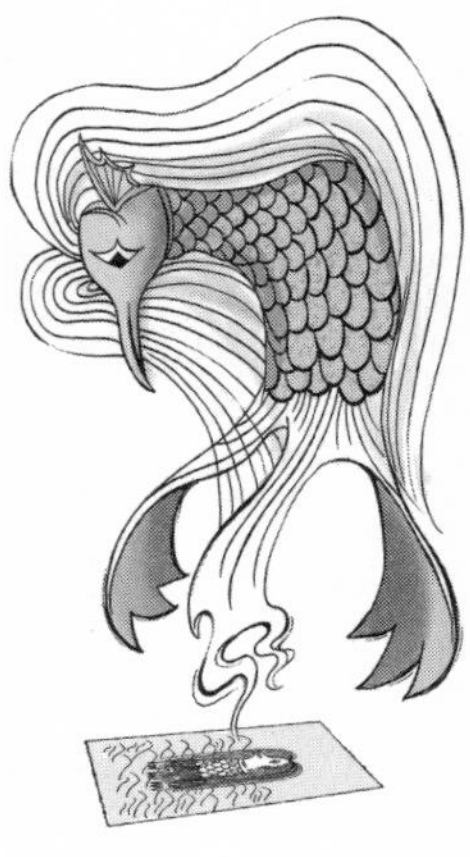

江戸時代に現れた珍妙な妖怪

弘化三年（一八四六年）、一枚の瓦版（天災や火事などの事件を速報記事にした印刷物）が刊行された。そこには長い髪と嘴《くちばし》のように尖った口、ひし形の目に鱗《うろこ》のようなものがある体、そして魚の尾びれのような形をした足が三本生えている珍妙な妖怪が描かれていた。またその隣に「肥後国（現熊本県）の海中に毎夜光るものが出たため、役人が見に行くと、先程の絵のようなものが現れ、『私は海中に住むアマビエと申す者である。当年より六年の間、諸国は豊作となるであろう。また病が流行した際には、早々に私の写しを人々に見せよ』と告げて海の中に入った。これはその役人から江戸に送られてきたアマビエの絵の写しである」という文言が書かれている。

予言獣と呼ばれる妖怪たち

これは近世から明治頃に流行《はや》った予言獣と呼ばれる妖怪の一種と考えられている。予言獣はその名の通り豊作や疫病の流行を予言し、それを防ぐ方法を告げて消える妖怪のことで、「件《くだん》」「神社姫」「天彦」など様々な種類が確認されており、絵を見せたり貼ったりすれば流行病を防ぐという部分はその妖怪が描かれた絵を売るための売り文句だったと考えられている。

アマビエ自体は水木《みずき》しげるの手によって描かれていることや、二〇〇七〜二〇〇九年に放映された第五期『ゲゲゲの鬼太郎』においても準レギュラーキャラとして登場していたため、ある程度知られていたと推測されるが、記録は先述した瓦版一枚しか見つかっておらず、実際に肥後国で出現した記録もない。また湯本豪一《ゆもとごういち》氏は『明治妖怪新聞』にて、「アマビエ」は「天彦」の誤記ではないかという説を提唱している。

しかし、そんなアマビエは二〇二〇年の新型コロナウイルスの流行に伴い、日本中で注目されることになる。

コロナ禍で生まれ変わるアマビエ

このアマビエブームを観察している作家、峰守《みねもり》ひろかず氏の『いつも隣にビエがいた アマビエ出現事例集』(西日本化物・妖怪同好会発行『怪魅型』第参号)によれば、発端は二〇二〇年二月二七日、妖怪掛軸作家の大蛇堂《おろちどう》氏がTwitterにて「流行り病がでたら対策のためにわたしの姿を描いて人々にみせるように、と言った妖怪がいた」としてアマビエを紹介したことだという。ここからアマビエはネット上で大流行し、同年四月には厚生労働省がアマビエをモチーフとした啓発アイコンを作成、以降も商業関連や寺社、自治体などにおいてアマビエをモチーフとした様々な商品やキャラクター、行事が生まれた。

しかしコロナ禍《か》のアマビエは広まるにつれて瓦版に記された初出情報から変化していった。特に予言獣として重要な予言をするという部分はほぼ触れられず、実際には病が収束するとは言っていないにもかかわらず、コロナ除《よ》けに使われているように、新たな性質を追加された例も多々見られる。

それ自体はアマビエの新たな姿として歓迎したいが、元々アマビエがそういう妖怪だった、という表現には注意が必要だ。

先の峰守ひろかず氏の言葉を借りるならば、「アマビエに騙されちゃなんねえ」のだ。

おわりに

本書を読んでいただきありがとうございました。

二一世紀に語られた一〇〇の怪異・妖怪たちはいかがでしたでしょうか。一部、二〇〇一年より遡《さかのぼ》るものもありますが、それについては本書の原稿を書いていて発見したものもありました。また調べているうちに過去の怪異・妖怪との類似点が見つかったり、近代以前に語られた存在や現象と実は同じものではないかというものもありました。

図らずも、改めて怪異たちの歴史の重みを実感したところです。もちろん、そういった過去の事例を元にして、この時代になって創作された可能性も高いのですが、それはそれで新たな怪異・妖怪の生まれ方として面白く観察していきたいと思います。もちろん、過去に遡ってその怪異・妖怪の歴史を改ざんするようなものはいけませんが。

さて、二一世紀が始まって二〇年が経ちましたが、ここに掲載された一〇〇項目以外にも、数えきれないほどの怪異・妖怪が生まれています。インターネットでも書籍でも、口承でもテレビでも、探せばいくらでも彼らの姿は見つかります。作者が明確な創作に登場する怪異・妖怪を含めれば、その数はさらに膨《ふく》れ上がります。二二世紀まで残り約八〇年、その間にも新たに生まれる彼らの数は膨大なものとなるでしょう。

そして現在において近代以前の怪異・妖怪がそうであるように、彼らの中には百年、二百年経っても人々の間で語られ、研究され、創作の題材になるものがいるかもしれません。しかしそのためには、その時代まで今の時代に語られた怪異・妖怪たちの記録が残っていることが必要です。記録も記憶も残っていない存在は、その時点で存在しなかったものと同じになってしまうのです。そうやって歴史の中に消失してしまった怪異・妖怪もまた、数えきれないほどにいるのでしょう。

本書で取り上げた怪異・妖怪の中にインターネットが初出となったものが多いように、怪異・妖怪たちはその時代に合わせて新たに生まれ続けます。そのため、どんなに技術が発達した未来においても彼らの存在が消えてなくなることはないという確信があると同時に、前時代の怪異・妖怪は、どうしても全てが残ることはなく、消えていく可能性が高いことも確かです。

そしてそんな彼らの存在を未来に残すことができるのは、今の時代を生きる我々を措いて他にいないでしょう。本書で取り上げた二一世紀の怪異・妖怪たちを含め、私たちが生きるこの時代でともに生まれ、ともに生きた彼らに興味を持っていただけるきっかけになれば、筆者としてこの上ない喜びです。

最後に、本書の編集を担当してくださった丸茂智晴様、一〇〇項目ものイラストを描いていただいた裏逆《うらさか》どら様、参考にさせていただいた資料の著者の皆様方、この二一世紀にインターネットや書籍を通し、様々な怪異・妖怪を報告・紹介してくださった多くの方々、そして本書を手に取っていただいた読者の方々に感謝の意を申し上げ、筆を置きたいと思います。

星海社新書188

21世紀《せいき》日本《にほん》怪異《かいい》ガイド100

二〇二一年七月二一日 第一刷発行

著者 朝里《あさざと》樹《いつき》

©Itsuki Asazato 2021

イラスト 裏逆《うらさか》どら

©Dora Urasaka 2021

発行者 太田《おおた》克史《かつし》

編集担当 丸茂《まるも》智晴《ともはる》

発行所 株式会社星海社

〒一一二-〇〇一三

東京都文京区音羽一-一七-一四 音羽YKビル四階

電話 〇三-六九〇二-一七三〇

FAX 〇三-六九〇二-一七三一

https://www.seikaisha.co.jp/

発売元 株式会社講談社

〒一一二-八〇〇一

東京都文京区音羽二-一二-二一

(販売)〇三-五三九五-五八一七

(業務)〇三-五三九五-三六一五

印刷所 凸版印刷株式会社

製本所 株式会社国宝社

アートディレクター 吉岡《よしおか》秀典《ひでのり》(セプテンバーカウボーイ)

デザイナー 山田《やまだ》知子《ともこ》(チコルズ)

フォントディレクター 紺野《こんの》慎一《しんいち》

校閲 鷗来堂《おうらいどう》

ISBN978-4-06-524328-2

Printed in Japan